Bill Hybels
Kevin & Sherry Harney

Wer bin ich?

Meine Identität in Christus

Wer bin ich?

Meine Identität in Christus

Bill Hybels
Kevin & Sherry Harney

Projektion J Buch- und Musikverlag GmbH, Wiesbaden

Originaltitel: *The Real You – Discovering Your Identity in Christ*

Published by Zondervan Publishing House, Grand Rapids, Michigan 49530
© 1996 by the Willow Creek Association

© 1997 der deutschen Ausgabe
by Projektion J Buch- und Musikverlag GmbH,
Rheingaustaße 132, D-65203 Wiesbaden

ISBN 3-89490-178-0

Die Reihe »Willow Creek Edition-*aktiv*« erscheint in Zusammenarbeit mit DISG.

Auf der Grundlage der neuen Rechtschreibregeln.

Die Bibelstellen wurden der »Guten Nachricht« entnommen.

Übersetzung: Annette Schalk
Umschlaggestaltung: Petra Louis
Satz: Projektion J Buch- und Musikverlag GmbH
Druck: Schönbach-Druck GmbH, Industriestraße 6-8, D-64390 Erzhausen

Nachdruck, auch auszugsweise, nur mit Genehmigung des Verlages.
1 2 3 4 5 6   00 99 98 97

Inhalt

Interaktion 7
Einleitung: Meine Identität in Christus 9

Einheit 1: Söhne und Töchter 11
Einheit 2: Heilige 17
Einheit 3: Soldaten 23
Einheit 4: Botschafter 31
Einheit 5: Freunde 37
Einheit 6: Manager 43

Zur Vertiefung 49
Anmerkungen für den Leiter 49
Einheit 1: Söhne und Töchter 55
Einheit 2: Heilige 59
Einheit 3: Soldaten 65
Einheit 4: Botschafter 71
Einheit 5: Freunde 79
Einheit 6: Manager 85

Materialien 91

Interaktion

1992 gab die *Willow Creek*-Gemeinde in Zusammenarbeit mit dem *Zondervan Publishing House* und der *Willow Creek Association* unter dem Titel *Walking with God* Arbeitsmaterialien für Kleingruppen heraus. In nur drei Jahren kamen etwa eine halbe Million Exemplare dieser Kleingruppenarbeitshefte in Gemeinden auf der ganzen Welt zum Einsatz. Diese überwältigende Resonanz auf diese Reihe bestätigte das Bedürfnis nach relevanten und biblischen Kleingruppenmaterialien.

Während wir nun diese Reihe mit Arbeitsheften schreiben, treffen sich in der *Willow Creek*-Gemeinde regelmäßig über tausend Kleingruppen. Wir sind davon überzeugt, dass diese Zahl ansteigen wird, wenn wir der Kleingruppenarbeit weiterhin einen zentralen Wert beimessen. Weil auch viele andere Gemeinden auf der ganzen Welt ihr Hauptaugenmerk verstärkt auf die Kleingruppenarbeit legen, besteht ein gesteigerter Bedarf nach Hilfsmitteln.

Als Reaktion auf dieses Bedürfnis wurde die Arbeitsreihe »Interaktion« entwickelt. Die *Willow Creek Association* und das *Zondervan Publishing House* haben gemeinsam eine völlig neue Art von Kleingruppenmaterialien geschaffen. Diese Gesprächsleitfäden sollen Gruppenmitglieder zu einem tieferen Austausch herausfordern, mehr Verbindlichkeit schaffen, Nachfolger Christi zum Handeln bewegen und Gruppenmitgliedern helfen, zu völlig hingegebenen Nachfolgern Christi zu werden.

Vorschläge für das persönliche Studium

1. Beginnen Sie jede Einheit mit einem Gebet. Bitten Sie Gott, Ihnen zu helfen, den Abschnitt zu verstehen und in Ihrem Leben umzusetzen.
2. Eine gute moderne Übersetzung wie »Die Gute Nachricht« wird Ihnen bei der Beschäftigung mit den Themen eine große Hilfe sein. Die Fragen in diesem Heft beziehen sich auf den Text der »Guten Nachricht«.
3. Lesen Sie die Abschnitte mehrmals. Sie müssen verstehen, was der Text aussagt, bevor Sie verstehen können, was er wirklich meint und wie Sie ihn auf Ihr Leben anwenden können.

Interaktion

Wer bin ich?

4. Schreiben Sie Ihre Antworten in den dafür vorgesehenen Raum in diesem Studienleitfaden. Dies gibt Ihnen die Möglichkeit, klar zu formulieren und zu erkennen, ob und wie Sie diesen Textabschnitt verstanden haben.
5. Halten Sie ein Bibellexikon griffbereit. Verwenden Sie es, um unbekannte Wörter, Namen oder Orte nachzuschlagen.

Vorschläge für das Studium in der Gruppe

1. Kommen Sie vorbereitet zu jeder Einheit. Nur wenn Sie sorgfältig vorbereitet sind, werden Sie auch den größtmöglichen Gewinn aus dem Gruppengespräch ziehen.
2. Seien Sie bereit, sich am Gruppengespräch zu beteiligen. Der Gruppenleiter wird Ihnen keinen Vortrag halten, sondern Sie ermutigen, sich über das auszutauschen, was Sie in diesem Abschnitt gelernt haben. Nehmen Sie sich vor, das zu erzählen, was Gott Ihnen in Ihrem persönlichen Studium gezeigt hat.
3. Halten Sie sich an den Text, den Sie analysiert haben. Beziehen Sie Ihre Antworten auf die entsprechenden Bibelverse und nicht auf andere Autoritäten wie Kommentare oder Ihren Lieblingsautor oder -redner.
4. Versuchen Sie, sensibel für die Bedürfnisse und Gefühle der anderen Gruppenmitglieder zu sein. Hören Sie aufmerksam zu, wenn diese reden, und bestätigen Sie sie, so oft Sie können. Auf diese Weise ermutigen Sie zurückhaltendere Mitglieder, sich am Gruppengespräch zu beteiligen.
5. Achten Sie darauf, dass Sie die Diskussion nicht dominieren. Nehmen Sie unter allen Umständen daran teil, aber gestehen Sie den anderen dieselbe Redezeit zu.
6. Wenn Sie der Gesprächsleiter sind, finden Sie zusätzliche Hinweise und hilfreiche Ideen in den vertiefenden Anmerkungen in der zweiten Hälfte dieses Buches.

Zusätzliche Materialien

Am Ende dieses Arbeitsheftes finden Sie eine Zusammenstellung von Büchern, die Sie in Ihrem Wachstum als Nachfolger Christi unterstützen werden. Außerdem finden Sie eine Reihe von Materialien, die Ihrer Gemeinde dabei helfen werden, Menschen zu ganz hingegebenen Nachfolgern Christi zu machen.

Einleitung

Meine Identität in Christus

Stellen Sie sich vor, Sie nehmen an einem Hochzeitsgottesdienst teil und hören gerade, dass der Pastor die berühmten Worte spricht: »Hiermit erkläre ich Sie zu Mann und Frau.« Wenn Sie selbst Braut oder Bräutigam sind, stürzen Sie diese Worte vermutlich in eine unmittelbare Identitätskrise. Der Pastor erklärt, dass Sie nun verheiratet sind, aber Sie fühlen sich eigentlich nicht anders als vor dieser Zeremonie. So sehr Sie sich auch bemühen, es scheint doch, als ob Sie derselbe Mensch wie vor Ihrem »Ja« wären.

Es ist unmöglich, dass zwei Menschen von dem Moment an, in dem Sie offiziell zu Mann und Frau erklärt werden, in völliger Übereinstimmung mit ihrer neuen rechtlichen Identität denken, fühlen und handeln. Es dauert im Gegenteil Wochen, Monate und oft sogar Jahre, bis sie als Verheiratete leben, fühlen und handeln. Identitäten verändern sich nicht einfach über Nacht.

Dasselbe gilt auch für einen achtzehnjährigen Wehrdienstleistenden, der sich an seinem ersten Tag in der Bundeswehrkaserne meldet. Er wird mit einer Uniform, ein paar Stiefeln und Essgeschirr ausgestattet und einige Zeit später vereidigt. Von diesem Moment an ruft ihn der Unteroffizier »Soldat!« – aber der junge Mann denkt, fühlt oder handelt nicht wie ein Soldat, noch nicht. Aber nach der Grundausbildung und einem neunmonatigen Wehrdienst denkt, fühlt und handelt dieser Rekrut wie der Soldat, der er ist. Er hat sich seine neue Identität zu Eigen gemacht. Sie wurde ein Teil von ihm.

Was mit frisch Verheirateten und neuen Rekruten passiert, das geschieht auch, wenn sich ein Mensch dafür entscheidet, ein Nachfolger Christi zu werden. Wenn Sie Ihre Sünden bereuen und sich Jesus Christus als Ihrem Erlöser anvertrauen, dann sind Sie nach den Aussagen der Bibel eine völlig neue Schöpfung. Sie bemerken die Veränderung vielleicht nicht sehr. Eventuell fühlen Sie sich im Großen und Ganzen wie zehn Minuten vor Ihrer Bekehrung, aber nach einer Weile lernen Sie, so zu sein, wie Christus ist und wie Gott Sie sieht. Im Laufe der Monate und Jahre werden Sie diese neue Identität mehr und mehr verinnerlichen und dementsprechend anfangen, zu denken, fühlen und handeln.

Paulus schreibt an die Gemeinde in Ephesus: »Aber Gott ist reich an Erbarmen. Er hat uns seine ganze Liebe geschenkt.

Interaktion

Wer bin ich?

Durch unseren Ungehorsam waren wir tot; aber er hat uns mit Christus zusammen lebendig gemacht. Bedenkt: Aus reiner Gnade hat er euch gerettet!« (Eph 2,4–5). Dieser Textabschnitt verdeutlicht, dass Sie in Ihrer Sünde tot waren, aber jetzt zum Leben erweckt wurden. Sie waren gegenüber den Anliegen Gottes gleichgültig. Sie hatten wenig gemeinsam: Er war für seinen Kram zuständig, Sie für Ihren. Erinnern Sie sich an diese Zeit? Sie waren geistlich gesehen tot, verloren und verwirrt. Aber jetzt leben Sie durch den Tod und die Auferstehung Christi.

Im gleichen Kapitel schreibt Paulus: »Damals wart ihr dem wahren Leben fern, jetzt aber seid ihr ihm nahe durch die Verbindung mit Jesus Christus. Durch das Blut, das er vergossen hat, ist das geschehen« (Vers 13). Gott schien Ihnen so fern zu sein. Er war ein Fremder. Aber jetzt haben Sie dieses Gefühl nicht mehr. Jetzt fühlen Sie sich dem Gott, der Ihre Sündenschuld mit dem Blut seines Sohnes bezahlt hat, näher. Ihre Stellung in der Gemeinde Christi und Ihre Einstellung haben sich völlig verändert!

In Vers 19 lesen wir: »Ihr Menschen aus den anderen Völkern seid also nicht länger Fremde und Gäste. Ihr gehört mit zum Volk Gottes und seid in Gottes Hausgemeinschaft aufgenommen.« Früher einmal war es Ihre Identität, Gott und seinem Reich gegenüber ein Fremder und Ausländer zu sein. Aber jetzt sind Sie Mitbürger, Heiliger, Teil von Gottes Haushalt. Das ist Ihre neue Identität. Gott hat es so bestimmt. In diesen sechs Interaktionseinheiten werden wir unseren Verstand und unser Herz mit dieser neuen Identität vertraut machen.

Sind Sie gespannt auf Ihre neue Identität? Nun, bis jetzt haben wir noch nicht einmal deren Oberfläche angekratzt. Die Bibel ist voller Beschreibungen darüber: Sie sind Gottes Arbeiter, sein Botschafter (das ist richtig: Sie haben einen Auftrag) und sein Freund. Doch damit nicht genug: Gott sieht Sie auch als Soldat, der an der Front gegen die Mächte des Bösen kämpft. Und, um dem Ganzen die Krone aufzusetzen, nennt er Sie auch einen Heiligen.

Also machen Sie sich bereit, den neuen Personalausweis entgegenzunehmen, den Gott Ihnen aushändigt. Es wird Ihr Leben verändern! Ich bete, dass Sie durch dieses Arbeitsheft Ihre neue Identität in Christus entdecken, annehmen und darin leben werden.

Bill Hybels

Einheit 1

Söhne und Töchter

DAS GROSSE BILD

Vor einigen Jahren besuchte ich einen Anbetungsgottesdienst, in dem einzelne Leute aufstehen und etwas über das Handeln Gottes in ihrem Leben erzählen konnten. Eine junge Frau erhob sich und sagte: »Ich wuchs in einer Familie auf, in der ich – es ist traurig, das sagen zu müssen – nie erfahren habe, was es heißt, die Tochter eines liebenden Vaters zu sein. Ich dachte, dass ich einfach dazu bestimmt sei, so vaterlos zu leben. Aber als ich Christus in mein Leben aufnahm, merkte ich, dass ich einen liebenden, vertrauenswürdigen, zärtlichen, verständnisvollen und immer treuen himmlischen Vater hatte.«

Alle, die zuhörten, konnten aufgrund der Ernsthaftigkeit und des Tones Ihrer Stimme sagen, dass sie keine abstrakte theologische Lehre über Adoption referierte. Sie dachte, fühlte und handelte in Einklang mit der Identität, die Gott ihr gegeben hatte. Sie hatte aus dem Wort Gottes gelernt, dass sie einen Vater im Himmel hat, der sie mehr liebte, als man in Worte fassen konnte. Gott hatte zu ihr durch seinen Heiligen Geist gesprochen: »Du bist meine Tochter. Du hast jetzt einen Vater.« Und sie hatte es nicht nur geglaubt, sondern auch gespürt. Es bewegte sie. Es veränderte sie für immer.

BLICK DURCHS WEITWINKELOBJEKTIV

1. Welche Bilder und Eindrücke steigen in Ihnen auf, wenn Sie an Ihren irdischen Vater denken?

Interaktion

Wer bin ich?

Wie haben Sie die Liebe Ihres himmlischen Vaters durch Ihren irdischen Vater erfahren?

Vervollständigen Sie diesen Satz: »Ich hätte gerne die Liebe meines irdischen Vaters erfahren, indem er …«

EIN BIBLISCHES PORTRÄT

Lesen Sie bitte Joh 1,12, Gal 4,4–7 und 1 Joh 3,1.

2. Was lernen Sie aus diesen Textpassagen über Ihre Beziehung zu Gott als Ihrem Vater?

UNTER DIE LUPE GENOMMEN

Bitte lesen Sie den Schnappschuss: »Die Adoption durch den Vater«.

Die Adoption durch den Vater

Soweit ich weiß, ist das Verständnis von Gott als einem suchenden, einladenden und liebenden Vater ein einmaliges Kennzeichen des christlichen Glaubens. Meines Wissens gibt es in keiner der Weltreligionen ein ähnliches Gottesverständnis. In den meisten großen Religionen scheinen Menschen Regeln zu lernen, Rollen zu gehorchen, durch aufgestellte Reifen zu springen und in vorgeschriebener Weise zu dienen. Darüber hinaus gibt es das Versprechen einer euphorischen Existenz irgendwo an einem fernen Ort. Dies wirkt doch alles ziemlich kalt und unpersönlich.

Einheit 1

Söhne und Töchter

> Aber im christlichen Glauben liegen die Dinge anders. Gott hat uns nicht einfach nur gerettet. Er hat uns nicht einfach nur gerecht gemacht, durch seinen Heiligen Geist erneuert und uns irgendwo im Kosmos eine Eigentumswohnung zugesichert, wenn wir sterben. Er rettet, reinigt und macht uns gerecht durch den Tod und das Opfer Jesu Christi, seines Sohnes. Dann erhebt er aufgrund seines Wesens Anspruch auf uns und adoptiert uns. Er sagt: »Ich mache dich zu meinem Sohn oder meiner Tochter. Du wirst für immer mein sein.« Und dann behandelt er uns wie Söhne und Töchter: respektvoll, zärtlich, treu und liebevoll. Erstaunlich, oder?

3. Da wir Söhne und Töchter Gottes sind, wie sollte unsere Beziehung zu Gott und zu anderen Christen aussehen?

Wie reagieren Sie darauf, wenn Gott zu Ihnen sagt: »Du bist für immer mein«?

4. Manchmal fühlen wir uns wie Außenseiter und Menschen, die Gottes Liebe nicht verdient haben. Was ist die Ursache solcher Gefühle?

Bitte lesen Sie den Schnappschuss: »Die Liebe des Vaters«.

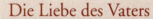

Die Liebe des Vaters

Jesus erklärt seinen Jüngern ganz lässig: »Der Vater liebt den Sohn« (Joh 5,20). Er musste diese Worte nicht ausschmücken, sondern lebte in dem Bewusstsein, dass sein Vater eine sehr starke Zuneigung zu ihm hatte, also fühlte er sich geliebt, beschützt; er spürte, dass jemand über ihn wachte; er fühlte sich gehegt und versorgt. Er war voll des Lobes für seinen Vater. Er fühlte sich frei, zu seinem Vater zu beten, weil alle guten Väter ein Ohr für ihre Söhne und Töchter haben.

Interaktion

Wer bin ich?

Um es einfach auszudrücken: Jesus spürte die Liebe seines Vaters und deshalb dachte, verhielt und fühlte er sich wie ein Sohn. Als er das Vaterunser lehrte, erklärte er seinen Zuhörern: »Wisst ihr, wie ihr alle eure Gebete anfangen sollt? Mit ›unser Vater‹«. Und weil auch wir Gottes Söhne und Töchter sind, sollen wir ihn »Vater« nennen.

Ist Gott auch Ihr Vater? Wissen Sie, dass Sie von ihm angenommen werden? Wissen Sie, dass Sie sein geliebtes Kind sind? Auch David war sich dessen bewusst: »Der Herr liebt alle, die ihn ehren, so wie ein Vater seine Kinder liebt« (Ps 103,13). Realisieren Sie, wie sicher Sie sind, weil Sie sein Kind sind? Wie geborgen?

5. In welchen Situationen haben Sie Gottes Vaterliebe bereits gespürt?

6. Welche Person in Ihrem Leben müsste gerade jetzt die Vaterliebe Gottes erfahren?

Wie können Sie diese Person in den folgenden Tagen die Vaterliebe Gottes spüren lassen?

Lesen Sie den Schnappschuss: »Die Autorität des Vaters«.

Die Autorität des Vaters

Jesus lebte nicht nur in dem beständigen Bewusstsein der Zuneigung des Vaters, sondern er lebte auch unter der *Autorität* des Vaters. Jesus machte sich keine Sorgen darüber, dass die Autorität des Vaters destruktiv, manipulativ oder negativ sein könnte. Wissen Sie, wenn Sie absolut von der Zuneigung des Vaters zu Ihnen überzeugt sind, haben Sie keine Angst vor seiner Autorität. Weil Sie wissen, dass er nur das Beste für Sie im Sinn hat, können Sie sicher sein, dass Sie seiner Weisheit, seinem Rat und seiner Führung vertrauen dürfen. Sie werden von sich aus kooperieren wollen und Wege suchen, wie Sie Ihr Leben unter die Autorität Gottes stellen können.

Einheit 1

Söhne und Töchter

7. Was fällt Ihnen spontan ein, wenn Sie das Wort »Autorität« hören?

   Was können die Mitglieder Ihrer Gruppe konkret tun, um Ihnen dabei zu helfen, Ihr Leben noch mehr dem Willen des Vaters unterzuordnen?

8. In welchem Bereich haben Sie Probleme damit, sich unter die Autorität Ihres himmlischen Vaters zu stellen?

   Beschreiben Sie eine Situation, in der jemand liebevolle, fürsorgliche und konstruktive Autorität in Ihrem Leben ausgeübt hat.

9. Da wir Söhne und Töchter Gottes wurden, sind wir nun auch Brüder und Schwestern in Christus. Was können Sie tun, um anderen Nachfolgern Christi echte Familienliebe zu zeigen?

   - In Ihrer Kleingruppe:

   - Zu Hause:

Interaktion

Wer bin ich?

- In Ihrer Gemeinde:

- Anderen Christen in Ihrer Stadt, Ihrem Land, in der Welt:

SETZEN SIE SICH SELBST INS BILD

Sagen Sie Dank

Greifen Sie irgendwann in der kommenden Woche zum Telefon und rufen Sie jemanden an, der großen Einfluss auf Ihr Wachstum als Nachfolger Christi hatte. Das können Ihre Mutter, Ihr Vater, Ihre Großeltern, ein Lehrer, ein Freund, ein Geschäftspartner oder ein Arbeitskollege sein. Wenn dieser Mensch Ihnen geholfen hat, die Liebe und Fürsorge Ihres himmlischen Vaters zu verstehen, dann drücken Sie ihm Ihre Wertschätzung und Liebe aus. Danken Sie ihm dafür, dass er Ihnen zu einem lebensspendenden Verständnis von Gott als Ihrem himmlischen Vater verholfen hat.

Lieber Vater ...

Schreiben Sie einen Brief an Ihren himmlischen Vater, in dem Sie ihm drei Dinge sagen. Zuerst danken Sie ihm dafür, dass er Sie als sein Kind adoptiert hat. Dann drücken Sie ihm Ihre Dankbarkeit für seine tiefe Zuneigung zu Ihnen aus. Und schließlich sagen Sie ihm, dass Sie sich in Ihrem Leben seiner Autorität unterwerfen wollen, weil Sie wissen, dass er nur das Beste für Sie im Sinn hat.

Einheit 2

Heilige

Rückblick auf Einheit 1

1. Erzählen Sie Ihrer Gruppe, was passierte ist, als Sie Kontakt zu jemandem aufnahmen, der Ihr Leben als Nachfolger Christi nachhaltig beeinflusst hat.
2. Welche Erfahrungen machten Sie, als Sie einen Brief an Ihren himmlischen Vater schrieben und ihm Ihre Liebe und Ihre Unterordnung unter seine Autorität ausdrückten? Wären Sie bereit, der Gruppe ein Stück Ihres Briefes an Ihren himmlischen Vater vorzulesen?

DAS GROSSE BILD

Während ich vor einer Weile eine Predigt über unsere neue Identität in Christus hielt, wurde ich von einem jungen Mann unterbrochen, der zu unserer Gemeinde gehörte und mir entgegenhielt: »Gott kann mich seinen Sohn nennen, und er kann meine Frau seine Tochter nennen, aber eines ist sicher: Meine Frau ist keine Heilige, und ich bin auch kein Heiliger. Wenn Gott also einen von uns einen Heiligen nennt, dann brauchen wir eine gründliche Erklärung, was es damit auf sich hat.« Ich konnte das Dilemma diese Mannes verstehen, und ich wette, Sie können es auch.

Wir alle haben bereits Bilder von Heiligen gesehen. Sie sehen so wunderschön sittsam aus in ihren langen, fließenden Gewändern, mit ihrem Heiligenschein und ihrem engelgleichen Lächeln. Und sie sehen nicht nur etwas ungewöhnlich aus, sondern wenn Sie sich jemals die Zeit genommen haben, um die Geschichten ihres Lebens zu lesen, wissen Sie, dass man ihr Leben nur schwer als durchschnittlich bezeichnen kann. Viele der berühmten Heiligen legten Armutsgelübde ab. Andere ertrugen schreckliche Schicksalsschläge und lebten unter unaussprechlichen Bedingungen, um Gott zu ehren.

Aber Paulus entschuldigt sich interessanterweise nicht dafür, dass er alle Christen Heilige nennt. Er verwendet den Begriff im Austausch mit Worten, die sich auf alle Christen beziehen.

Interaktion

Wer bin ich?

Wenn der Apostel Paulus heute leibhaftig hier wäre und zu allen Christen spräche, würde er – davon bin ich fest überzeugt – ihnen sagen: »Ich, Paulus, ein Diener des Herrn Jesus Christus, grüße euch, die Heiligen Gottes.« Und wir würden alle rot werden!

BLICK DURCHS WEITWINKELOBJEKTIV

1. Welches Bild entsteht vor Ihrem geistigen Auge, wenn Sie das Wort »Heiliger« hören?

2. Beschreiben Sie jemanden, den Sie kennen, der die Qualitäten eines Heiligen hat. Warum passt die Beschreibung auf diese Person?

EIN BIBLISCHES PORTRÄT

Bitte lesen Sie Eph 1,1.18; 2,19; 3,8; 4,11–13; 5,3 und 6,18.

3. Was lernen Sie in diesen Passagen über Paulus' Auffassung von Heiligkeit?

Hat Sie in den Versen, die Sie gelesen haben, irgendetwas überrascht?

Einheit 2

Heilige

UNTER DIE LUPE GENOMMEN

Lesen Sie den Schnappschuss: »Ihre Stellung als Heiliger«.

Ihre Stellung als Heiliger

Die Bibel lehrt, dass alle wahren Gläubigen die Stellung eines Heiligen haben. Lassen Sie mich erklären, was das bedeutet. In dem Augenblick, als Sie sich Christus anvertraut, Ihre Sünden bekannt und bereut haben, ist etwas Dramatisches mit Ihrer geistlichen Stellung geschehen. Die Bibel erklärt, dass Sie vor diesem Ereignis tot waren. Das ist ziemlich plastisch ausgedrückt, oder? Aber nun sind Sie kein toter, lebloser Körper mehr, sondern ein Körper, der voller Leben ist. Im übertragenen Sinn hat sich Ihre geographische Position verändert. Sie waren weit weg, jetzt sind Sie ganz nah. Sie waren Fremde, jetzt sind Sie Söhne und Töchter. Sie waren Ausländer, jetzt sind Sie Mitbürger. Sie waren verloren und sind jetzt gefunden. Diese Formulierungen und eine Menge anderer ähnlichen Inhalts beschreiben, dass sich im Moment Ihrer Bekehrung Ihre Position gegenüber Gott verändert hat. Sie wurden ausgesondert. Sie haben die Stellung eines Heiligen.

4. Wie würden Sie reagieren, wenn Sie jemand einen Heiligen nennen würde?

Warum fällt es uns so schwer, uns selbst als Heilige zu betrachten?

Der Begriff »Heiliger« bedeutet »ausgesondert«. Was heißt es für Ihr Leben, dass Sie für Gott ausgesondert wurden?

Interaktion

Wer bin ich?

5. Wie können Sie Gott Ihre Wertschätzung dafür ausdrücken, dass er Sie zu einem Heiligen gemacht hat?

Lesen Sie bitte den Schnappschuss: »Das Leben eines Heiligen«.

Das Leben eines Heiligen

Ich kenne Menschen, die von allen möglichen Alpträumen gequält werden, wenn sie darüber nachdenken, ihr Verhalten in Einklang mit dem Wort Gottes zu bringen. Aber wissen Sie was? Darum geht es gar nicht. Gott möchte keinen Haufen Leute, die alle völlig gleich sind. Er möchte, dass jeder von uns seine einzigartige Persönlichkeit entfaltet, erforscht, reifen lässt, verfeinert, befreit, trainiert und in nützlichen Dienst einbringt. Er möchte, dass jedes Gramm Potential, das er in Sie hineingelegt hat, zur Entfaltung kommt. Er möchte, dass Ihre Seele völlig erfüllt wird. Er möchte Sie zufrieden stellen. Und so verspricht er: »Ich gebe euch die Kraft meines Heiligen Geistes. Ich gebe euch Führung durch mein Wort. Ich gebe euch Ermutigung und Bestärkung durch Brüder und Schwestern. Setzt euch einfach zum Ziel, so zu leben, wie der Heilige Geist euch leitet, indem ihr euch an eurer Position in Christus orientiert. Ihr habt die Stellung eines Heiligen, jetzt handelt entsprechend eures Wachstums in Christus.«

6. Welche Haltungen und Handlungen sollten unser Leben als Heilige kennzeichnen?

- Zu Hause:

- Im Beruf:

- Bei unseren Nachbarn:

Einheit 2

Heilige

- In unserem Umgang mit suchenden Menschen:

7. Wie sollten wir reagieren, wenn wir an Gottes Wünschen und Standards für uns als Heilige scheitern?

Wie sollten wir reagieren, wenn andere daran scheitern?

SETZEN SIE SICH SELBST INS BILD

Eine Herausforderung zum Wachstum

Nehmen Sie sich in dieser Woche Zeit und untersuchen Sie Ihr Leben auf einen Bereich, der Ihren Status und Ihre Stellung als Heiliger nicht widerspiegelt. Wenn Sie diesen Bereich gefunden haben, dann machen Sie bitte die folgenden Schritte:

1. Bekennen Sie Jesus Ihre Probleme in diesem Bereich und bitten Sie um Vergebung (lesen Sie bitte 1 Joh 1,9).
2. Beten Sie darum, dass die Kraft des Heiligen Geistes Sie in diesem Bereich erfüllt und stärkt.
3. Setzen Sie sich konkrete Ziele, die Sie in der Zukunft davor bewahren können, in diesem Bereich wieder zurück in die Sünde zu verfallen.
4. Bitten Sie einen anderen Christen, für Sie zu beten und Sie für diesen neuen Bereich Ihres Wachstums immer wieder an Ihre Verantwortung zu erinnern.
5. Akzeptieren Sie, dass Ihre Stellung als Heiliger nicht darauf basiert, wie gut Sie Ihr Leben Tag für Tag leben, sondern

Interaktion

Wer bin ich?

darauf, dass Jesus Christus für Sie am Kreuz gestorben ist. Bitten Sie Gott, Ihnen die Kraft zu geben, in diese neue Identität hineinzuwachsen.

Verpflichtung zum Führen eines Tagebuches

Nehmen Sie sich in der folgenden Woche Zeit, um Tagebuch zu führen und Ihre Gebete schriftlich festzuhalten. Das ist vielleicht etwas völlig Neues für Sie, aber versuchen Sie Ihr Bestes. Bringen Sie einfach alle Gedanken und Gefühle zu Papier. Konzentrieren Sie sich vor allem auf Ihre Stellung als Heiliger. Versuchen Sie, mehr Zeit damit zu verbringen, Gott zu danken, dass er Sie zu einem Heiligen gemacht hat, als sich darauf zu konzentrieren, dass Sie an den Anforderungen der Heiligkeit gescheitert sind. Je mehr Sie Gott für Ihren Status und Ihre Stellung als Heiliger danken, desto mehr werden Sie den Wunsch verspüren, diese neue Identität auszuleben.

Einheit 3

Soldaten

Rückblick auf Einheit 2

1. Wie hat Gott Ihr persönliches Verständnis von Ihrer Stellung als Heiliger vertieft?
2. Welche Erfahrungen haben Sie mit dem Führen eines Tagebuches und dem schriftlichen Festhalten Ihrer Gebete gemacht? Hat es Ihnen in den letzten Tagen dabei geholfen, mit Gott zu reden und ihm Ihr Herz zu öffnen?

DAS GROSSE BILD

In der Sonntagsschule, in die ich als Kind ging, war das Lied »Vorwärts, christliche Soldaten« immer unter den Top Ten der gewünschten Liednummern. Ich kann noch heute die Melodie und die Worte hören: »Vorwärts, christliche Soldaten, marschieren wir zum Krieg, mit dem Kreuz Jesu vor uns her«, Vers um Vers. Ich hatte nicht die leiseste Ahnung, was Guerillakrieg mit christlichem Glauben oder Sonntagsschule zu tun hatte, aber wir liebten dieses Lied heiß und innig. Wir stampften mit den Füßen und stachen mit unseren Stiften aufeinander ein.

Heute, Jahre später, beginne ich das Thema dieses Liedes immer mehr zu schätzen. Wissen Sie, es geht in dem Lied darum, dass Christen sich selbst als Soldaten in Gottes Armee sehen sollten, die gemeinsam marschieren, gemeinsam vorrücken und im Gleichklang kämpfen, um die Streitkräfte Satans zu zerstören. Es berichtet von einem geistlichen Kampf zwischen Gott und dem Satan. Wenn wir Christen werden, werden wir Söhne und Töchter Gottes und Heilige, aber wir nehmen dadurch gleichzeitig auch eine weitere wichtige Identität an: Wir sind automatisch in Gottes Armee aufgestellt und beginnen einen lebenslänglichen Einsatz unter Gottes Kommando.

Die Bibel lehrt uns, dass es Teil unserer wahren Identität als Christen ist, Soldat zu sein. Wir müssen trainierte, ausgerüstete, starke, mutige, vertrauensvolle und vom Heiligen Geist geleitete Soldaten in der Armee Gottes sein. Nicht Soldaten, die einfach

Interaktion

Wer bin ich?

die Attacken Satans abwehren, sondern Soldaten, die strategisch versuchen, feindliches Territorium einzunehmen, Soldaten, deren Herz daran hängt, den Feind zu überwinden, koste es, was es wolle.

BLICK DURCHS WEITWINKELOBJEKTIV

1. Nennen Sie einige Pflichten, die Soldaten bei der Bundeswehr haben.

Welche Qualitäten würden Sie von einem guten Soldaten erwarten?

EIN BIBLISCHES PORTRÄT

Bitte lesen Sie Eph 6,10–18.

2. Inwiefern gleicht ein Christ einem Soldaten?

Welche Begriffe aus der Militärsprache werden in der Bibel und von Christen häufig verwendet?

Einheit 3

Soldaten

UNTER DIE LUPE GENOMMEN

Lesen Sie bitte den Schnappschuss: »Wochenendkrieger«.

Wochenendkrieger

Gott möchte von uns, dass wir für den Kampf bereit sind. Auch Paulus erinnert die Gemeinde in Ephesus daran, wie wichtig es ist, für den geistlichen Kampf vorbereitet zu sein, der auf jeden Nachfolger Christi zukommen wird (Eph 6,10-18). Wir müssen unsere Rüstung genauso tragen, wie wir auch die Waffen kennen müssen, mit denen wir Satan und seinen dämonischen Streitkräften entgegentreten können. Wir sollen immer auf dem Posten und immer bereit zum Kampf sein.

Doch einige von Gottes Soldaten betrachten ihre Berufung leider als Wochenendunterhaltung. Sie ziehen ihre Uniform einmal in der Woche an und spielen am Sonntagvormittag Soldat. Ich nenne solche Menschen »Wochenendkrieger«. Sie vergessen nicht, einmal pro Woche einen kleinen Teil ihrer Zeit in diese »Sache« zu investieren, aber sie möchten nicht, dass ihr Glaube ihren übrigen Aktivitäten in die Quere kommt. Diese Menschen sind nicht bereit, den Preis zu zahlen, um ganz hingegebene Nachfolger Christi zu werden. Sie sind damit zufrieden, ein paar Stunden in der Woche Soldat zu spielen und die richtigen Schlachten den anderen zu überlassen.

3. Inwiefern beeinflussen Wochenendkrieger das Leben der Gemeinde?

Welchen Einfluss haben sie auf ihre Umwelt?

4. Warum würde sich jeder gerne dafür entscheiden, nur Wochenendkrieger zu sein?

Was können wir tun, um Wochenendkrieger wieder zurück aufs Schlachtfeld zu bringen, wo Jesus sie haben möchte?

Interaktion

Wer bin ich?

Lesen Sie bitte den Schnappschuss: »Unerlaubtes Entfernen von der Truppe«.

> ## Unerlaubtes Entfernen von der Truppe
>
> Wenn Sie schwachen, halbherzigen Christen sagen, dass Notlagen Kummer, Kopfschmerzen und Mühen verursachen, werden Sie erleben, dass viele unerlaubtes Entfernen von der »Truppe« vorziehen. Paulus nutzt die Gelegenheit, indem er in einem seiner Briefe erklärte: »Macht die Wahrheit bekannt. Soldaten werden Leid ausgesetzt sein. Die Anforderungen sind himmelhoch. Unser Kampf bestimmt über das Schicksal von Menschen, die Gott wichtig sind.«
>
> Jesus, unser Anführer, war bereit, in den Tod zu gehen, um den endgültigen Sieg über den Feind zu erringen, und erwartet von uns, dass auch wir bereit sind, einen Preis für die Siege, die wir über das Böse erringen, zu zahlen. Da es sich um eine reale Schlacht handelt, haben es viele Soldaten vorgezogen, sich unerlaubt zu entfernen. Sie haben sich in den Hügeln versteckt, den Schwanz eingezogen und der Schlacht den Rücken gekehrt. Während die Schlacht tobt, sitzen sie in sicherem Gebiet und vermeiden jegliche Konflikte oder Konfrontationen. Während die Dienste der Gemeinde leiden, sitzen sie zu Hause und bemühen sich darum, dass man sie nicht bei ihrer Lieblingsfernsehsendung stört. Während Menschen sterben und in die Hölle gehen, sind sie damit zufrieden, ihren Komfort zu genießen und sich den Rücken freizuhalten. Tatsache ist, dass es in Gottes Armee zu viele Soldaten gibt, die durch unerlaubte Abwesenheit glänzen.

5. Warum haben sich so viele Soldaten unerlaubt von der Truppe, sprich der Gemeinde/Kirche entfernt?

Waren Sie als Christ jemals unerlaubt abwesend? Wenn ja, warum sind Sie von der Schlacht weggelaufen?

6. Welche Gefühle haben Sie, wenn Sie Christen sehen, die durch unerlaubte Abwesenheit glänzen?

Einheit 3

Soldaten

Was können wir konkret tun, um diese Soldaten wieder zurück an die Front zu bringen?

Lesen Sie bitte den Schnappschuss: »Soldaten, die aufs Wort gehorchen«.

> ### Soldaten, die aufs Wort gehorchen
>
> Wenn ich geistliche Inventur meines Lebens mache, stelle ich mir die Frage, welche Sorte Soldat ich wirklich bin. Ich frage mich, ob ich ein Wochenendkrieger bin oder ein Soldat, der sich zu irgendeinem Zeitpunkt in irgendeiner Weise unerlaubt von der Truppe Gottes entfernt hat. Ich versuche, geradezu brutal ehrlich mir und Gott gegenüber zu sein. Und ich ermutige Sie dazu, dasselbe zu tun.
>
> Mein Herzenswunsch ist es, ein Soldat zu sein, der aufs Wort gehorcht. Ich möchte jederzeit zum Kampf bereit sein. Ich wünsche mir, dass mein Leben völlig dem Oberbefehlshaber meiner Seele unterworfen ist. Es ist interessant zu wissen, dass zur Zeit Jesu die Worte für »Herr« und »Gebieter« identisch waren. Wenn wir also zu Jesus sagen: »Ja, Herr«, sagen wir in Wahrheit: »Ja, Gebieter«. Wir erkennen unsere Unterordnung unter unseren Befehlshaber an. Er befiehlt: »Spring!«, und wir sagen: »Wie hoch?« Er sagt: »Bewegt euch!«, und wir bewegen uns. Das bedeutet es, ein Soldat zu sein, der aufs Wort gehorcht. Wir folgen, egal, was es kostet.
>
> Ich möchte Ihnen sagen, dass Gott solche Soldaten ehrt, die aufs Wort gehorchen. Gott gebraucht sie. Er segnet sie. Gott vollbringt Wunder in ihrem Leben. Aber Gott wird keine Soldaten ehren, gebrauchen oder segnen, die sich ihm nicht unterordnen. Und es ist schwierig, eine Armee aufzubauen, die gefährlich für jedermann sein soll, wenn sie nur aus Wochenendkriegern und Soldaten besteht, die sich unerlaubt vom Kriegsschauplatz entfernt haben.

7. Nennen Sie ein paar Soldaten, die Sie kennen und die aufs Wort gehorchen.

Wodurch wird ihr Leben gekennzeichnet?

Interaktion

Wer bin ich?

8. Welche Belohnung wartet auf Soldaten, die aufs Wort gehorchen?

Welchen Preis müssen sie zahlen?

9. Suchen Sie sich einen Partner und diskutieren Sie zu zweit, was Sie tun können, um als gehorsamer Soldat effektiver zu sein.

10. In welchen Kämpfen stehen Sie zur Zeit?

• Als Gemeinde:

• In Ihrer Familie oder zu Hause:

• Im Beruf:

• In Ihrem Wohnort:

Einheit 3

Soldaten

Was können die Soldaten um Sie herum tun, um Ihnen zum Sieg in diesen Schlachten zu verhelfen?

SETZEN SIE SICH SELBST INS BILD

Ehrliche Auswertung

Nehmen Sie sich in dieser Woche Zeit, um darüber nachzudenken, welche Art Soldat Sie sind. Denken Sie über die drei Arten von Soldaten nach, die in dieser Einheit vorgestellt wurden. Analysieren Sie ehrlich, wo sich in Ihrem Leben Charakterzüge oder Handlungsweisen jeder dieser drei Typen zeigen.

Für die Starken und Mutigen

Nachdem Sie Wesensmerkmale und Handlungsweisen der verschiedenen Soldatentypen in Ihrem Leben identifiziert haben, danken Sie Gott für die Bereiche, in denen Sie ein gehorsamer Soldat sind. Danken Sie ihm für die Kraft und die Siege, die Sie erringen, und beten Sie um noch mehr Kraft, damit Sie als ganz hingegebener Soldat in Gottes Armee weitermarschieren können.

Bekennen Sie zweitens dem »Oberbefehlshaber« Ihres Lebens, in welchen Bereichen Sie sich selbst als Wochenendkrieger sehen oder sich unerlaubt von seiner Armee entfernt haben. Bitten Sie Jesus, Ihnen zu vergeben und Ihnen die Kraft zu geben, diese Bereiche Ihres Lebens unter seinen Befehl zu stellen. Überantworten Sie jeden Bereich einzeln Gottes Kontrolle.

Wenn Sie einem Freund erlaubt haben, Ihnen bei dieser Auswertung zu helfen, bitten Sie ihn drittens, für Sie zu beten, Sie zu unterstützen und zur Verantwortung zu ziehen, wenn Sie versuchen, Ihr Leben Tag für Tag als Soldat zu leben, der aufs Wort gehorcht.

Einheit 4

Botschafter

Rückblick auf Einheit 3

1. In welchem Bereich müssen Sie als Soldat gestärkt werden? Was haben Sie seit der letzten Einheit getan, um in diesem Bereich zu wachsen?
2. Welchen geistlichen Sieg haben Sie in den letzten Tagen errungen?

DAS GROSSE BILD

Halten Sie für einen Moment inne und denken Sie an einige Krisenherde in der Welt. In welchen Ländern herrschen zur Zeit politische Unruhen oder Aufstände? Im Laufe der Jahre verändern sich die Kriegsschauplätze. Denken Sie an Kuba, den Libanon, Iran, Irak, Russland, Bosnien. Und die Liste ließe sich beliebig fortsetzen. Schlagen Sie einfach Ihre Morgenzeitung auf – dort können Sie alles über die jüngsten Konflikte nachlesen.

Wenn Sie einen Repräsentanten Ihres Landes in ein Land schicken müssten, das gerade von Krisen geschüttelt wird, würden Sie sicher wollen, dass Sie dort der richtige Botschafter vertritt. Auf welchen Qualitäten würden Sie für einen potentiellen Botschafter für eine Mission in ein Kriegsgebiet bestehen, wenn Sie das Oberhaupt unseres Landes wären?

Tatsache ist, dass ein Botschafter eine Schlüsselrolle bei jedem Versöhnungsversuch spielt. Er kann Versöhnung stiften oder alles zunichte machen. Im Gepäck eines Botschafters befinden sich eine Menge hochexplosiver Stoffe. Sie können es sich nicht leisten, einen Botschafter zu entsenden, der einfach nur ein netter Mensch ist, auf Zehenspitzen um jede brenzlige Situation herumgeht und häufig lächelt. Aber Sie können sich auch keinen Botschafter leisten, der zu penetrant und fordernd ist, das heißt jemanden, der die Leute durch seine Aggressivität verärgert und angreift und einen übereifrigen Zeitplan für Versöhnung hat. Wir suchen nach einem effektiven Botschafter. Nach einem, der zur richtigen Zeit das Richtige tut, um schließlich Versöhnung zu stiften.

Interaktion

Wer bin ich?

BLICK DURCHS WEITWINKELOBJEKTIV

1. Wenn Sie eine Stelle ausschreiben müssten, um einen effektiven Botschafter zu finden, und Sie nur den folgenden Platz zur Verfügung hätten, wie würde Ihre Anzeige lauten?

   Botschafter dringend gesucht, der …

EIN BIBLISCHES PORTRÄT

Lesen Sie bitte 2 Kor 5,16–20.

2. Sie sind Botschafter Christi und haben den Auftrag, Versöhnung zu stiften. Inwiefern bestimmt dieser Aspekt Ihrer neuen Identität in Christus die Art, wie Sie die Welt um Sie herum und Ihre Rolle darin sehen?

UNTER DIE LUPE GENOMMEN

Lesen Sie bitte den Schnappschuss: »Der anonyme Botschafter«.

Der anonyme Botschafter

Viele Christen könnte man »anonyme Botschafter« nennen. Sie schaden der Sache Christi nicht, helfen ihr aber auch nicht unbedingt. Anonyme Botschafter verbringen ihre Zeit überwiegend mit anderen Botschaftsangehörigen. Sie mischen sich nur selten unter das Volk. Sie fühlen sich unwohl mit den Leuten aus dem Land, weil diese ihnen ordinär erscheinen, eine andere Sprache sprechen, »geschmacklose« Bräuche und andere Werte haben. In Wahrheit wollen sie lieber in der warmen und vertrauten Umgebung des Konsulats bleiben.

Einheit 4

Botschafter

3. Welche Gefahren und möglichen Konsequenzen bringt ein apathischer und anonymer Botschafter in einer ernsten politischen Situation mit sich?

Welche Gefahren bringt diese Art von Botschafter mit sich, wenn er in der heutigen Gesellschaft Gott repräsentieren soll?

Lesen Sie den Schnappschuss: »Der penetrante Botschafter«.

> **Der penetrante Botschafter**
>
> Wenn wir ehrlich sind, müssen wir zugeben, dass es viele Christen gibt, die zu den penetranten Botschaftern zählen, die Schimpfkanonaden abfeuern, als ob der 3. Oktober wäre; Botschafter, die übereifrig auf Versöhnung bestehen, diese aber nicht fördern, sondern fordern. Sie haben kein wirkliches Interesse daran, mit Menschen vertraut zu werden, sich in deren Leben zu investieren, sie zu lieben, Zweifel zu beseitigen und Konflikte aufzuarbeiten. Sie stehen lieber im Licht der Öffentlichkeit, verbreiten Pläne zur Versöhnung über Lautsprecher und geißeln die Massen dann dafür, dass diese nicht begeisterter auf ein Angebot reagieren, das sie nicht einmal völlig verstehen konnten, weil es so armselig kommuniziert wurde.

4. Welche möglichen Konsequenzen und Gefahren kann ein penetranter Botschafter mit sich bringen, der Gott in der heutigen Gesellschaft repräsentieren soll?

Halten Sie einen Moment inne, und versetzen Sie sich in die Lage eines Menschen, der geistlich auf der Suche ist und gerade einem solchen Botschafter begegnet. Welche Gefühle hätten Sie gegenüber diesem Botschafter und seiner Botschaft?

Interaktion

Wer bin ich?

Lesen Sie bitte den Schnappschuss: »Ein effektiver Botschafter«.

> ### Ein effektiver Botschafter
>
> Anonyme Botschafter nehmen vom Heiligen Geist arrangierte Gelegenheiten, das Leben von Nichtchristen zu verändern, überhaupt nicht wahr. Sie beten nicht für Gelegenheiten, sich unter das Volk zu mischen, und halten auch nicht nach ihnen Ausschau. Sie verstecken sich, halten sich aus den Massen heraus. Penetrante Botschafter brechen in private Bereiche ein, egal, ob sie vom Heiligen Geist geleitet werden oder nicht. Aus purem Zufall erreichen sie etwas Gutes. Aber meist richten sie mehr Schaden an.
>
> Effektive Botschafter dagegen beten für vom Heiligen Geist arrangierte Gelegenheiten. Sie sehnen sich danach, eine Gelegenheit zu wahrzunehmen, wenn sie ihnen über den Weg läuft. Diese Botschafter bitten um göttliche Weisheit, wenn sie fühlen, dass sich ihnen eine Gelegenheit bietet. Sie fragen: »Herr, ist es das? Was soll ich sagen? Was soll ich tun? Heiliger Geist, übernimm du die Kontrolle über diesen Augenblick. Mach mich zu einem effektiven Botschafter.«

5. Welche möglichen Auswirkungen auf das Leben von Menschen, die Gott noch nicht kennen, können Sie haben, wenn Sie als effektiver Botschafter handeln?

Nennen Sie einige effektive göttliche Botschafter, die Sie kennen. Was macht diese so effektiv?

6. Warum ist Weisheit im Leben eines effektiven Botschafters so wichtig?

Wie können die Mitglieder Ihrer Gruppe zusammenarbeiten, um Weisheit in ihrem Leben zu entwickeln?

Einheit 4
Botschafter

7. Was bedeutet es, gewinnend in Ihrem Zeugnis zu sein?

   Wie können Sie diesen Charakterzug in Ihrem Leben entwickeln?

8. Wir sind uns wohl alle einig, dass ein guter Botschafter über ein fundiertes Wissen über die Bibel und die Grundlagen des Glaubens verfügen sollte. Worüber müssen wir außerdem Bescheid wissen, um Brücken zu Menschen bauen zu können, die Gott noch nicht kennen?

9. Welchen verbreiteten Werten in unserer Gesellschaft müssen Sie sich als Gottes Botschafter bewusst sein?

10. Für göttliche Botschafter sind Kommunikationsfähigkeiten wesentlich. Was können Sie konkret tun, um Ihre Fähigkeit zu verbessern, über den Glauben zu sprechen?

11. Welche praktischen Dinge können Sie tun, um Brücken der Versöhnung zu folgenden Menschengruppen zu schlagen?

    - Nachbarn:

Interaktion

Wer bin ich?

- Arbeitskollegen:

- Bekannte:

- Familienangehörige:

- Menschen, die sich selbst als Ihre Feinde bezeichnen:

SETZEN SIE SICH SELBST INS BILD

Menschen und Orte

Nehmen Sie sich Zeit, um über die Menschen nachzudenken, die Gott in Ihr Leben gestellt hat und die noch nicht an ihn glauben. Beten Sie in den folgenden Tagen für jeden dieser Menschen namentlich. Bitten Sie den Heiligen Geist, sein Werk zu beginnen. Beten Sie um Gottes Liebe und einen Wunsch zur Versöhnung, um Herzen und Leben der betroffenen Menschen berühren zu können. Bitten Sie Gott auch um Kraft, wenn Sie die Gelegenheit spüren, für diese Menschen ein Botschafter Christi zu sein.

Finden Sie heraus, an welche konkreten Orte Gott Sie als Botschafter gestellt hat. Beten Sie dafür, dass Gott Ihr Herz mit seiner Liebe füllt und einem Hunger nach Versöhnung von Menschen mit Gott, die ihrem Vater im Himmel entfremdet sind. Beten Sie darum an jedem Ort, an den Sie in der folgenden Woche kommen.

Zum Auswendiglernen

»Im Auftrag Christi wende ich mich darum an alle Menschen. Gott selbst ruft sie, wenn ich zu ihnen sage: ›An Christi Stelle bitte ich euch: Nehmt das Friedensangebot an, das Gott euch macht‹« (2 Kor 5,20).

Einheit 5

Freunde

Rückblick auf Einheit 4

1. Für welchen Menschen, der Gott noch nicht kennt, haben Sie in den letzten Tagen gebetet? Wie haben Sie erlebt, dass Gott in seinem Leben arbeitet, um ihn näher zu Jesus zu ziehen?
2. An welchem Ort möchten Sie gerne einen Einfluss für Jesus haben? Was tun Sie konkret, um Kontakte und Beziehungen an diesem Ort aufzubauen? Wie können die Mitglieder Ihrer Gruppe Sie in Ihren Bemühungen, ein Botschafter zu sein, ermutigen?

DAS GROSSE BILD

Ich hatte einmal einen Chef, der ein richtiger Sklaventreiber war. Er kam gewöhnlich mit seinem Gesicht ganz nahe an meines heran und sagte mit einer sehr lauten, dröhnenden Stimme zu mir: »Wer unterschreibt Ihren Scheck? Wer? Wer?« Er klang wie ein kläffender Köter. Und ich antwortete: »Sie.« Dann erwiderte er gewöhnlich: »Wenn ich Sie also bitten würde, in der Ecke einen Kopfstand zu machen, was erwarte ich dann von Ihnen?« Ich entgegnete: »Dass ich in der Ecke einen Kopfstand mache?« Er machte mich verrückt. Er zählte wirklich nicht zu meinen Freunden. Er war strenger Arbeitgeber, ein Sklaventreiber. Solche Leiter lieben es, alle Freude aus der Arbeit und dem Dienst zu vertreiben. Solche Arbeitgeber bauen Mauern zwischen sich und anderen auf und rauben die Würde ihrer Arbeitnehmer.

Jesus beruhigt jedoch seine Nachfolger: »Ich werde euch nie so behandeln. Ich bin zwar euer Oberbefehlshaber, und ihr seid meine Soldaten, aber ich werde euch nie wie ein Sklaventreiber oder ein strenger Arbeitgeber behandeln. Meine Autorität wird immer mit dem Faden der Freundschaft verwoben sein. Ich werde euch respektieren. Ich werde euch mit Würde und voller Liebe behandeln.«

Interaktion

Wer bin ich?

In dieser Einheit werden wir an den Ort schauen, an dem Jesus eine Dimension unserer neuen Identität verkündet, indem er erklärt: »Ich möchte, dass ihr alle wisst, dass ich, wenn ich auf euch als meine Nachfolger schaue, euch als meine Freunde, meine persönlichen Vertrauten, meine treuen Freunde ansehe.«

BLICK DURCHS WEITWINKELOBJEKTIV

1. Welche Qualitäten sollte ein guter Freund haben?

2. Beschreiben Sie eine tiefgreifende Erfahrung, die Sie mit einem Freund gemacht haben. (Diese Erfahrung können Sie kürzlich gemacht haben oder schon vor längerer Zeit.)

EIN BIBLISCHES PORTRÄT

Lesen Sie bitte Joh 15,9–17.

3. Was berichtet dieser Text uns über die Art und Weise, mit der Jesus uns seine Freundschaft zeigt?

Wie können wir Jesus unsere Liebe und Freundschaft zeigen?

4. Wie hat Jesus Ihnen in den letzten Wochen seine Liebe und Freundschaft gezeigt?

Einheit 5

Freunde

Lesen Sie bitte den Schnappschuss: »Mehr Zeit miteinander verbringen«.

> ### Mehr Zeit miteinander verbringen
>
> Wenn man Sie fragen würde, wie Sie Ihre Freundschaft zu einem irdischen Freund verbessern könnten, könnten Sie wahrscheinlich einige klare Antworten geben. Vermutlich werden Sie erkennen, dass die Pflege unserer Freundschaft mit Jesus der mit unseren irdischen Freunde gleicht. Der erste Vorschlag, den ich Ihnen machen möchte, liegt auf der Hand. Ist es nicht allgemein bekannt, dass die beste Möglichkeit, um Beziehungen zu verbessern, darin besteht, die Qualität und Quantität der Zeit zu erhöhen, die man mit diesen Menschen verbringt? Dasselbe gilt für unsere Freundschaft mit Jesus.

5. Was können Sie konkret tun, um Qualität und Quantität der Zeit, die Sie mit Jesus verbringen, zu steigern?

Lesen Sie bitte den Schnappschuss: »Barrieren abbauen«.

> ### Barrieren abbauen
>
> Das Zweite, was Sie tun können, um eine Beziehung zu einem Freund – oder zu Jesus – zu verbessern: Sie können alle Barrieren aus dem Weg räumen, die die Beziehung behindern. Ich schlage vor, dass Sie dies durch ehrliche Kommunikation versuchen. Tiefe irdische Beziehungen entwickeln sich nicht leicht oder automatisch. Wenn die Freundschaft tiefer wird, tauchen gewöhnlich einige Konflikte auf, denen man ins Auge schauen muss. Man wird mit Situationen konfrontiert, die die Zukunft der Freundschaft bedrohen. Eigenheiten kommen an die Oberfläche, und man erkennt: »Oh je, damit werden wir uns auseinandersetzen müssen, falls unsere Freundschaft tiefer wird.« Es kann auch Differenzen über Werte oder Meinungen geben. Egal, welche Form dies annimmt: Die meisten Beziehungen haben Barrieren, mit denen man sich auseinandersetzen muss. Genauso gibt es Sünden, Haltungen und andere Punkte, die zu Barrieren zwischen uns und Jesus werden können. Wir müssen Sie herausfinden und beiseite räumen.

6. Welche Barrieren stehen zwischen Ihnen und Jesus? Wie können Sie diese abbauen?

Interaktion

Wer bin ich?

Lesen Sie bitte den Schnappschuss: »Jesus dienen«.

> ### Jesus dienen
>
> Eine dritte Möglichkeit, um die Beziehung zu einem Freund oder zu Jesus zu vertiefen, besteht darin, ihm zu dienen. So seltsam oder paradox es klingen mag, aber je mehr Sie sich in eine Beziehung investieren, desto wertvoller wird diese Beziehung für Sie. Man könnte annehmen, dass Ihnen jemand wertvoller wird, wenn *er* Ihnen dient. Aber es funktioniert auch andersherum. Je mehr Sie jemandem dienen, je größer Ihre Investition im Leben eines anderen Menschen ist, desto wertvoller wird Ihnen dieser Mensch. Jesus hat seine Beziehung zu Ihnen durch Dienst und Fürsorge vertieft. Sie können Ihre Seite der Beziehung ebenfalls durch Dienst vertiefen.

7. Was tun Sie zur Zeit in Ihrem Leben, um Jesus zu dienen?

Wie können Sie Ihr »dienendes Herz« für Jesus vergrößern?

Lesen Sie bitte den Schnappschuss: »Einfach ›Ich liebe dich!‹ sagen«.

> ### Einfach »Ich liebe dich!« sagen
>
> Die vierte Möglichkeit eine Beziehung zu einem Freund – oder zu Jesus – zu vertiefen, besteht darin, ihm zu sagen und zu zeigen, wie viel Ihnen diese Freundschaft bedeutet. So kitschig und antiquiert es klingen mag, aber die verbale Bestätigung des Wertes einer Freundschaft trägt viel dazu bei, die Freundschaft selbst zu vertiefen. Einfach zu sagen: »Ich liebe Dich!«, hilft dabei, Ihre Beziehung zu Jesus zu vertiefen. Sagen Sie es oft, sagen Sie es auf verschiedene Arten, aber sagen Sie Jesus unbedingt, dass Sie ihn lieben.

Einheit 5

Freunde

8. Wenn Jesus Ihnen sagen könnte, wie er möchte, dass Sie ihn lieben – was würde er Ihrer Meinung nach sagen?

Wie würden Sie darauf reagieren?

SETZEN SIE SICH SELBST INS BILD

Nehmen Sie sich Zeit für Jesus

Sie haben darüber diskutiert, wie wichtig es ist, Zeit mit Jesus zu verbringen. Diese Zeit mit ihm wird Ihnen helfen, Ihre Freundschaft zu vertiefen und weiterzuentwickeln. Schauen Sie Ihren Terminkalender für die kommende Woche an, und planen Sie konkret Zeit mit Jesus ein. Machen Sie diese Zeit genauso zur Priorität wie alles andere in Ihrem Terminkalender. Wenn Sie Ihren Kalender schriftlich führen, tragen Sie Ihre Zeit mit Jesus unter den anderen Verpflichtungen oder Verabredungen des Tages ein. Vielleicht spüren Sie das Bedürfnis, sich jeden Tag oder drei- oder viermal in der folgenden Woche dafür Zeit zu nehmen. Seien Sie hinsichtlich Ihrer Termine realistisch, aber versuchen Sie auch, immer mehr Zeit mit Jesus zu verbringen. Wenn Sie als ganz hingegebener Nachfolger Christi wachsen wollen, ist es wesentlich, dass Sie viel Zeit mit ihm verbringen.

Zum Auswendiglernen

»Niemand liebt mehr als der, der sein Leben für seine Freunde opfert« (Joh 15,13).

Einheit 6

Manager

Rückblick auf Einheit 5

1. Ist es Ihnen in der vergangenen Woche gelungen, Ihre Termine mit Jesus einzuhalten? Wenn ja: Was hat Ihnen dabei geholfen, die Disziplin dafür zu entwickeln, die Freundschaft mit Jesus wirklich als Priorität in Ihrem Leben zu sehen? Wenn Sie Probleme hatten: Was hat Sie davon abgehalten, Zeit mit Ihrem Erlöser zu verbringen?
2. Was können die Mitglieder Ihrer Gruppe tun, um Sie darin zu unterstützen und zu ermutigen, in den folgenden Wochen Zeit mit Jesus zu verbringen?

DAS GROSSE BILD

Einige der anschaulichsten Gleichnisse Jesu handeln von Verwaltern; heutzutage würde man sie wahrscheinlich als Manager bezeichnen. Er berichtete von Managern, die effektiv und sorgfältig waren, und von anderen, die ungerecht und sorglos waren. Der Apostel Paulus nannte sich selbst einen Verwalter von Gottes Wahrheit. Er ermutigte auch andere Christen dazu, sich selbst als Verwalter zu sehen. Der Apostel Petrus ermutigte alle Christen, ihre geistlichen Gaben zum Dienst aneinander einzusetzen. Indem sie das täten, würden sie zu guten Verwaltern der Gnade Gottes. Jesus betrachtete es als selbstverständlich, dass alle seine Nachfolger sich selbst als Verwalter betrachteten. Die folgenden Fragen stellte er sehr nachdenklich: »Wer wird ein vernünftiger und treuer Verwalter sein? Wer wird es sein? Wer meiner Nachfolger wird meine Angelegenheiten treu verwalten?« Wir sind alle Verwalter, aber Jesus möchte wissen, wer ein guter Verwalter sein wird.

Bevor sich irgendjemand von uns meldet und begeistert »Ich, ich!« ruft, sollten wir lieber sicherstellen, dass wir die Pflichten eines guten Managers auch wirklich kennen. Vielleicht haben Sie beim letzten Mal, als Sie in einem Restaurant Essen waren, einen Menschen gesehen, der herumlief und der Bedienung und dem Koch Anweisungen gab. Vermutlich haben Sie einen Manager bei der Arbeit beobachtet. Sehr wahrscheinlich war der

Interaktion

Wer bin ich?

Besitzer nicht einmal im Haus. Tatsächlich hat der Besitzer vielleicht fünf oder sechs Restaurants in der ganzen Stadt oder vielleicht auch im ganzen Land. Anstatt nun jedes seiner Häuser selbst zum Profit zu führen, sucht sich der Besitzer einen Mann oder eine Frau, der/die jedes seiner Restaurants für ihn führt. Auf diese Weise läuft das Geschäft in Hotels, Tankstellen, Fitnessclubs, Lebensmittelgeschäften und vielen anderen Branchen. Sie werden oft von Managern geführt, die von den Besitzern eingestellt und mit der vollen Verantwortung für die alltäglichen Entscheidungen betraut wurden. Manager haben also eine sehr wichtige Position inne.

In dieser Einheit werden wir versuchen zu verstehen, was es bedeutet, ein Manager zu sein, und wie wir gute und treue Verwalter dessen sein können, was Gott uns anvertraut hat. Ein entscheidender Teil unseres Christseins besteht darin, dass wir verstehen, welche Art von Manager wir nach Gottes Vorstellung sein sollen. Vielleicht müssen wir auch einen Schritt zurückgehen und eine noch grundlegendere Frage beantworten: Was genau soll ich als Nachfolger Christi verwalten? Wofür hat mir Gott die Verantwortung übertragen? Was hat Gott meiner Fürsorge unterstellt? Auf diese Dinge wollen wir in dieser Einheit einen Blick werfen; darüber hinaus werden wir uns noch mit den Geheimnissen Gottes, geistlichen Gaben, unserem Haushalt und unserem Körper beschäftigen. All diese Dinge hat uns Gott anvertraut und uns dazu berufen, sie in einer Weise zu verwalten, die ihm gefällt.

BLICK DURCHS WEITWINKELOBJEKTIV

1. Wurden Sie schon einmal von einem guten Manager geführt? Was machte ihn zu einem guten Manager?

2. Warum ist es für die Wirtschaft, die Kirche und für jede beliebige Organisation so wichtig, effektive Manager zu haben?

Einheit 6

Manager

EIN BIBLISCHES PORTRÄT

Lesen Sie bitte Lk 12,42–48.

3. Wie stellt Jesus den treuen und den untreuen Verwalter dar?

Welche Konsequenzen erwarten die beiden Verwalter aufgrund ihres jeweiligen Handelns?

Welche Gefühle haben Sie, wenn Sie dieses Gleichnis lesen? Welche Jahresbilanz würde der Eigentümer ziehen, wenn Sie sein Verwalter wären?

UNTER DIE LUPE GENOMMEN

Lesen Sie bitte den Schnappschuss: »Die Geheimnisse Gottes«.

> ### Die Geheimnisse Gottes
>
> Uns wurde die Herausforderung gestellt, Verwalter der Geheimnisse Gottes zu sein. Sie fragen sich sicher, was das bedeutet? Paulus erklärt dies der Gemeinde in Korinth: »Ihr seht also, wie man von uns denken muss. Wir sind Menschen, die Christus in seinen Dienst gestellt hat, um Gottes Geheimnisse zu verwalten. Von einem Verwalter verlangt man, dass er zuverlässig ist« (1 Kor 4,1.2). Paulus spürte das volle Gewicht dieser Verantwortung, ein guter Verwalter der Wahrheiten des christlichen Glaubens zu sein. Er erkannte, dass Gottes Plan zur Erlösung von Sündern, zur Ausrüstung von Gläubigen, zur Umgestaltung einer unruhigen Welt und zum Aufbau einer gesunden Kirche den Christen anvertraut wurde. Er wusste, dass wir mit diesen Dingen sehr sorgsam umgehen müssen, denn wir wurden dazu berufen, die tiefsten Geheimnisse Gottes zu verwalten.

Interaktion

Wer bin ich?

4. Nennen Sie einige der »Geheimnisse Gottes«, die wir sorgsam verwalten sollten.

Wie können wir darin besser werden, diese »Geheimnisse« zu erkennen und sie effektiv zu verwalten?

Lesen Sie bitte den Schnappschuss: »Geistliche Gaben«.

Geistliche Gaben

Wir sind dazu berufen, Verwalter unserer geistlichen Gaben zu sein. Petrus rät uns: »Fördert euch gegenseitig, jeder mit der Gabe, die Gott ihm geschenkt hat. Dann seid ihr gute Verwalter der reichen Gaben Gottes« (1 Petr 4,10). Er schreibt, dass Gott als Symbol seiner Gnade und seiner Liebe etwas für Sie getan hat. In der Minute, in der Sie in die Familie Gottes aufgenommen wurden, hat Gott souverän beschlossen, Sie – ohne dass Sie sich dessen bewusst waren – mit wenigstens einer geistlichen Fähigkeit auszustatten, die Ihnen die Möglichkeit geben sollte, anderen Menschen in der Familie Gottes einen großen Dienst zu erweisen. Manche von Ihnen bekamen die Fähigkeit zu lehren, zu predigen, Gastfreundschaft zu üben, die Gabe der Organisation und alle möglichen anderen Gaben. Sie wurden Ihnen als Investition Gottes in Sie anvertraut.

Gott erklärt jedoch: »Dir gehört diese Gabe nicht. Sie gehört mir. Aber ich statte dich damit aus und bitte dich, damit hauszuhalten. Ich bitte dich, sie zu verwalten.« Und was meint Gott damit, wenn er Sie bittet, Ihre geistlichen Gaben zu verwalten? Er möchte zuerst, dass Sie sie identifizieren. Überzeugen Sie sich davon, welche Gaben Sie haben. Aber was dann? Dann entwickeln und schärfen Sie diese Gaben. Und schließlich beruft Gott Sie dazu, sie zu seiner Ehre einzusetzen.

---

5. Nennen Sie eine Ihrer geistlichen Gaben. Wie setzen Sie diese Gabe als guter und treuer Verwalter ein?

Einheit 6

Manager

Was tun Sie konkret, um diese Gabe zu entwickeln und zu schärfen?

Lesen Sie bitte den Schnappschuss: «Haushalt».

> ### Haushalt
> Wir sind dazu berufen, Verwalter unseres Haushaltes zu sein. Paulus geht darauf in seinem Brief an Timotheus ein (1 Tim 3,4-5). Auch wenn sich der Kontext direkt auf Leiter und Diakone bezieht, steht dies doch in der Verantwortung aller Christen. Zu unserem eigenen Haushalt gehören Besitz und Menschen, Werte und Aktivitäten. Wir sind alle dazu berufen, das zu verwalten, was Gott unter unsere Obhut gestellt hat.

6. Wie können wir die materiellen Dinge, die Gott uns anvertraut hat, effektiv verwalten?

7. Wie können wir die Menschen in unserem Haushalt, die Gott unter unsere Obhut gestellt hat, effektiv »managen«?

Lesen Sie bitte den Schnappschuss: »Unser Körper«.

> ### Unser Körper
> Lassen Sie uns einfach einmal annehmen, Sie hätten einen göttlichen Räumungsbefehl erhalten und müssten Ihren Körper für fünf Jahre verlassen. Nehmen Sie weiter an, Sie müssten, bevor Sie Ihren Körper verlassen, jemanden auswählen, der Ihren Körper für die Zeit Ihrer Abwesenheit betreut. Dieser Mensch wäre dafür verantwortlich, Ihren Körper zu füttern, Sport zu treiben, ihn fit zu halten, für ihn zu sorgen, ihn ausruhen zu lassen und zu verwalten, während Sie nicht da sind. Nachdem die fünf Jahre vorbei sind, kommen Sie zurück und ziehen wieder in Ihren Körper ein.

Interaktion

Wer bin ich?

> Wir sollen wirklich Verwalter unseres Körpers sein. Der Apostel Paulus spricht dieses Thema in seinem Brief an die Gemeinde in Korinth an (1 Kor 6,19–20). Die Kernaussage dieser Verse lautet: »Ihr gehört nicht euch selbst; ihr wurdet durch einen hohen Preis erkauft. Deswegen sollt ihr Gott durch euren Körper ehren.« Unser Körper ist der Ort, an dem der Heilige Geist wohnt. Wir sollen ihn deshalb gut verwalten.

8. Wenn Sie Ihren Körper für fünf Jahre in die Obhut eines anderen Menschen geben müßten – wem würden Sie ihn überlassen und warum?

Würden Sie Ihren Körper jemandem anvertrauen, der so wäre wie Sie? Warum oder warum nicht?

9. Welche praktischen Dinge können Sie tun, um Ihren Körper besser zu verwalten? Denken Sie an Schlaf, Ernährung, Sport, Trinken, Urlaub, Arbeit und Sexualität.

SETZEN SIE SICH SELBST INS BILD

Managementziele

In dieser Einheit haben Sie über vier konkrete Bereiche geistlichen Managements nachgedacht. Nehmen Sie sich in der folgenden Woche Zeit, um einen Bereich auszuwählen, in dem Sie in Ihrer Hingabe wachsen wollen, ein guter Verwalter für das zu sein, was Gott Ihnen anvertraut hat. Bitten Sie einen Freund darum, für Sie zu beten und Sie immer wieder an Ihre Verantwortung zu erinnern.

Zur Vertiefung

Anmerkungen für den Leiter

Wenn Sie ein Bibelgespräch leiten sollen, werden Sie vor allem beim ersten Mal sehr gemischte Gefühle haben. Wenn Sie nervös sind, dann machen Sie sich bewusst, dass Sie sich in guter Gesellschaft befinden. Viele biblische Leiter, wie Mose, Josua und der Apostel Paulus, fühlten sich nervös und ungeeignet, andere zu leiten (lesen Sie hierzu zum Beispiel 1 Kor 2,3). Doch Gottes Gnade gab Ihnen die nötige Kraft, genauso wie sie für Sie ausreichen wird.

Eine gewisse Aufregung ist also ganz natürlich. Ihre Leiterschaft ist ein Geschenk für die anderen in Ihrer Gruppe. Denken Sie daran, dass auch die anderen Gruppenmitglieder Verantwortung für die Gruppe tragen. Ihre Rolle besteht einfach darin, das Gespräch zu steuern, indem Sie Fragen stellen und die anderen dazu ermutigen, diese Fragen zu beantworten. Im Folgenden finden Sie einige Anregungen, die Ihnen helfen können, ein effektiver Leiter zu werden.

Vorbereitung auf die Leitung eines Treffens

1. Bitten Sie Gott, Ihnen zu helfen, den Textabschnitt zu verstehen und auf Ihr eigenes Leben anzuwenden. Bevor das nicht geschieht, sind Sie nicht darauf vorbereitet, andere anzuleiten.
2. Arbeiten Sie jede Frage im Studienteil sorgfältig durch. Denken Sie gründlich über den Abschnitt nach, wenn Sie Ihre Antworten formulieren.
3. Machen Sie sich mit den Abschnitten zur Vertiefung zu jeder Einheit vertraut. So können Sie das Ziel der Einheit verstehen und erhalten wichtige Informationen über die Fragen in der jeweiligen Einheit.
4. Beten Sie für die einzelnen Mitglieder Ihrer Gruppe. Bitten Sie Gott, sie durch diese Einheiten zu besseren Nachfolgern Jesu Christi zu machen.
5. Vergewissern Sie sich vor dem ersten Treffen, dass jeder Teilnehmer sein Arbeitsheft erhalten hat. Ermutigen Sie sie, sich auf jedes Treffen vorzubereiten.

Interaktion

Wer bin ich?

Das Treffen leiten

1. Beginnen Sie jedes Treffen pünktlich. Wenn den Teilnehmern klar ist, dass das Treffen nach Zeitplan beginnt, werden sie sich ernsthafter darum bemühen, auch rechtzeitig zu erscheinen.
2. Erklären Sie zu Beginn des ersten gemeinsamen Treffens, dass die Einheiten als Gesprächsrunden und nicht als Vortragsreihe konzipiert sind. Ermutigen Sie jeden, sich am Gespräch zu beteiligen, aber akzeptieren Sie, wenn manche während der ersten Treffen vielleicht noch zögern, sich einzubringen.
3. Fürchten Sie sich nicht vor der Stille. Die Leute in Ihrer Gruppe müssen vielleicht erst nachdenken, bevor sie antworten können.
4. Beantworten Sie nicht Ihre eigenen Fragen. Wenn nötig, sollten Sie eine Frage mit anderen Worten wiederholen, bis sie klar verstanden wird. Auch eine eifrige Gruppe wird schnell passiv und schweigend, wenn sie das Gefühl hat, dass der Leiter den größten Redeanteil übernehmen will.
5. Bemühen Sie sich um mehr als eine Antwort zu jeder Frage. Fragen Sie: »Was denkt der Rest dazu?« oder: »Noch jemand?«, bis mehrere Leute die Chance hatten zu antworten.
6. Versuchen Sie so oft wie möglich, die Antworten positiv zu verstärken. Lassen Sie die Teilnehmer wissen, dass Sie ihre Einsichten zu einer Textpassage schätzen.
7. Weisen Sie nie eine Antwort zurück. Wenn sie eindeutig falsch ist, haken Sie nach: »Aus welchem Vers schließen Sie das?« Oder lassen Sie die Gruppe mit diesem Problem umgehen, indem Sie die anderen fragen, was diese über die Auslegung denken.
8. Schweifen Sie nicht vom Thema ab. Wenn Leute vom Kurs abkommen, führen Sie sie wieder zum Text zurück, über den Sie gerade sprechen.
9. Beenden Sie Ihre gemeinsame Zeit mit einer Gebetsgemeinschaft. Bitten Sie Gott, Ihnen zu helfen, die Dinge umzusetzen, die Sie in dieser Einheit gelernt haben.
10. Schließen Sie pünktlich. Das wird leichter sein, wenn Sie die Diskussion unter Kontrolle halten, indem Sie nicht zu viel Zeit auf manche Fragen verwenden und dann zu wenig Zeit für andere haben.

Zur Vertiefung

Wir ermutigen alle Kleingruppenleiter, das Handbuch »Authentische Kleingruppen leiten« von Bill Donahue (Projektion J Verlag, *Willow Creek Edition*) zu verwenden, wenn sie eine Kleingruppe leiten. Dieser Leitfaden wurde von der *Willow Creek Community Church* entwickelt und stellt ein ausgezeichnetes Hilfsmittel dar, um Nachfolger Jesu zu schulen und auszurüsten, damit sie effektive Kleingruppen leiten können Es enthält wertvolle Informationen darüber, wie man witzige und kreative Übungen zum Aufbau von Beziehungen in einer Gruppe einsetzen kann; wie man ein Treffen vorbereitet; wie man die Last der Leitung verteilt, indem man »Azubi-Leiter« findet, ausbildet und mit ihnen zusammenarbeitet; wie man kreative Möglichkeiten für das Gebet in der Gruppe findet. Außerdem enthält das Buch Materialien und Tips für den Umgang mit potentiellen Konflikten und schwierigen Persönlichkeiten, für das Formulieren von Gruppenzielen, das Einladen neuer Mitglieder, zur Verbesserung der Fähigkeit des Zuhörens, für Bibelstudium und vieles mehr. Wenn Sie das Handbuch »Authentische Kleingruppen leiten« verwenden, werden Sie eine Gruppe erhalten, deren Mitglieder sich gerne zugehörig fühlen.

Nun werden wir uns mit den einzelnen Elementen dieses Kleingruppen-Arbeitsbuches beschäftigen und untersuchen, wie Sie diese in Ihr Gruppentreffen einbinden können.

Das große Bild

Jede Einheit beginnt mit einer kurzen Geschichte oder einem Überblick über das Thema der jeweiligen Einheit. Dieser Abschnitt heißt: »Das große Bild«, weil er das zentrale Thema der Einheit einführt. Sie sollten diesen Abschnitt in der Gruppe lesen oder die Gruppenmitglieder bitten, ihn vor dem Gespräch in der Gruppe für sich durchzulesen. Im Folgenden finden Sie drei Möglichkeiten, wie Sie mit diesem Abschnitt des Treffens umgehen können:

- Lesen Sie als Gruppenleiter diesen Abschnitt laut vor, und gehen Sie dann zu den Fragen des nächsten Abschnittes »Blick durchs Weitwinkelobjektiv« über. (Sie können auch in der ersten Woche vorlesen und dann eine der beiden folgenden Möglichkeiten verwenden, um die Gruppe zu mehr Eigenbeteiligung anzuregen.)

Interaktion

Wer bin ich?

- Bitten Sie ein Gruppenmitglied, der Gruppe freiwillig diesen Abschnitt vorzulesen. Das gibt anderen die Möglichkeit, sich zu beteiligen. Am besten bitten Sie vorher jemanden, damit diejenige Person den Text erst für sich durchlesen kann, bevor er ihn der Gruppe vorliest. Es ist auch besser, einen Freiwilligen zu suchen, als diese Aufgabe zu verteilen, denn manche Menschen fühlen sich nicht wohl, wenn sie einer Gruppe etwas vorlesen müssen. Nachdem ein Gruppenmitglied den Text vorgelesen hat, gehen Sie zu den Diskussionsfragen über.
- Geben Sie zu Beginn des Treffens Zeit, damit jeder für sich den Text durchlesen kann. Wenn Sie diese Möglichkeit wählen, vergewissern Sie sich, dass jeder genügend Zeit hatte, den Text komplett zu lesen und über das Gelesene nachzudenken, damit er für eine tiefergehende Gruppendiskussion bereit ist.

Blick durchs Weitwinkelobjektiv

Dieser Abschnitt enthält eine oder mehrere Fragen, die die Gruppe in eine allgemeine Diskussion über das Thema der Einheit führen. Diese Fragen sollen die Mitglieder der Gruppe dabei unterstützen, ehrlich und offen über das Thema zu sprechen. Wenn das Thema der Einheit eingeführt ist, gehen Sie zum Bibeltext für diese Einheit über.

Ein biblisches Porträt

Zu diesem Abschnitt der Einheit gehören ein Bibeltext und eine oder mehrere Fragen, die den Gruppenmitgliedern helfen sollen zu erkennen, dass das Thema der Einheit auf biblischen Grundlagen und biblischer Lehre beruht. Beim Lesen des Textes können Sie vorgehen, wie im Abschnitt »Das große Bild« bereits beschrieben wurde: Sie können den Text vorlesen, Sie können eine Gruppenmitglied bitten, ihn zu lesen, oder Sie geben Zeit, damit jeder den Text still lesen kann. Vergewissern Sie sich, dass jeder eine Bibel hat oder dass Sie genügend Bibeln zur Verfügung stellen können. Wenn Sie den Bibeltext gelesen haben, stellen Sie die Frage(n) in diesem Abschnitt, damit die Gruppenmitglieder in die Wahrheiten der Bibel eintauchen können.

Zur Vertiefung

Unter die Lupe genommen

Die meisten Fragen für die Gruppendiskussion befinden sich in diesem Abschnitt der Einheit. Die Fragen sind praktisch und sollen den Gruppenmitgliedern helfen, biblische Lehre auf ihr Alltagsleben anzuwenden.

Schnappschüsse

Die »Schnappschüsse« in jeder Einheit helfen den Gruppenmitgliedern, sich auf die Diskussion vorzubereiten. Hier finden sich Anmerkungen oder Ergänzungen zum Diskussionsthema. Jeder »Schnappschuss« sollte an dem angegebenen Punkt des Gespräches gelesen werden. Dieser Punkt ist sowohl in der Einheit selbst als auch in den Leiteranmerkungen klar gekennzeichnet. Folgen Sie demselben Schema wie in den Abschnitten »Das große Bild« oder »Ein biblisches Porträt«: Entweder Sie lesen den Text, ein Gruppenmitglied liest ihn freiwillig oder Sie geben Zeit, in der jeder den Text für sich lesen kann. Egal, wie Sie an diesen Abschnitt herangehen, Sie werden ihn auf alle Fälle sehr hilfreich finden, um lebendige Dialoge auszulösen und das Gespräch in die gewünschte Richtung zu lenken.

Setzen Sie sich selbst ins Bild

In diesem Abschnitt krempeln Sie Ihre Ärmel hoch und setzen die Wahrheit aktiv in Ihrem Leben um. Dieser Abschnitt ist sehr praktisch und handlungsorientiert. Am Ende jeder Einheit finden sich Vorschläge, wie die Gruppenmitglieder das, was sie in der Einheit gelernt haben, praktisch umsetzen können. Arbeiten Sie die Aktionsziele am Ende jeder Einheit durch und ermutigen Sie die Gruppenmitglieder, an einem oder mehreren dieser Ziele in der kommenden Woche zu arbeiten.

Zu Beginn der folgenden Einheit finden Sie Nacharbeitsfragen zum Abschnitt »Setzen Sie sich selbst ins Bild«. In der kommenden Woche nehmen Sie sich zu Beginn der Einheit Zeit, um zurückzublicken und darüber zu sprechen, wie Sie seit dem letzten Treffen versucht haben, Gottes Wort in Ihrem Leben umzusetzen.

Interaktion

Wer bin ich?

Gebet

Vielleicht möchten Sie das Kleingruppentreffen mit einer Gebetszeit beginnen und beenden. Manchmal ergibt sich aus der Richtung, die das Gespräch genommen hat, eine Idee für die Gestaltung der Gebetszeit. Meist aber werden Sie entscheiden müssen, an welchem Punkt Sie das Gespräch am besten beenden und zum Gebet überleiten. Vielleicht möchten Sie ein Gruppenmitglied bitten, zu Beginn der Einheit zu beten. Oder Sie möchten zuerst »Das große Bild« lesen und die Fragen des Abschnittes »Blick durchs Weitwinkelobjektiv« diskutieren, bevor Sie beten. In manchen Fällen kann es am besten sein zu beten, nachdem Sie den Bibeltext gelesen haben. Der Zeitpunkt des Gebets hängt ganz von Ihnen, Ihrem Vorgehen und dem jeweiligen Textabschnitt ab.

Wenn Sie mit einem Gebet beginnen, denken Sie an das Thema der Einheit und beten Sie darum, dass die Gruppenmitglieder (und Sie selbst) aufnahmefähig für die Aussagen der Bibel und das Wirken des Heiligen Geistes sein werden. Wenn Sie in Ihrer Gruppe Menschen haben, die noch auf der Suche sind (Menschen, die sich Gedanken über den christlichen Glauben machen, aber noch keine Christen sind), dann sollten Sie Ihre Erwartungen an eine Gebetsgemeinschaft dementsprechend anpassen. Suchende sind vielleicht noch nicht bereit, sich am Gebet zu beteiligen.

Beenden Sie das Treffen unbedingt mit einer Gebetszeit. Eine Möglichkeit ist es, dass Sie für die gesamte Gruppe beten. Oder Sie geben den Gruppenmitgliedern Zeit, Gebete laut zu formulieren, die die anderen in ihren Herzen mitbeten können. Sie könnten den Gruppenmitgliedern auch einfach die Zeit geben, damit jeder persönlich mit Gott reden kann, und beenden diese Zeit mit einem einfachen »Amen«.

Zur Vertiefung
Einheit 1

Söhne und Töchter

Textstellen: Joh 1,12; Gal 4,4–7; 1 Joh 3,1

Einführung

Diese Einheit setzt sich mit unserer neuen Position als Söhne und Töchter Gottes auseinander. Es ist eine Einheit, die sowohl tiefe Freude als auch tiefen Kummer hervorrufen kann. Immer wenn wir über Gott als unseren himmlischen Vater sprechen, berühren wir auch die Beziehung zu unserem irdischen Vater. Die natürlichen Parallelen zwischen irdischen Vätern und unserem himmlischen Vater können hilfreich oder wirklich hinderlich sein, je nachdem, welche Erfahrungen wir mit unserem irdischen Vater gemacht haben.

Nehmen Sie sich Zeit, um für jedes Gruppenmitglied zu beten. Bitten Sie Gott, den Vater, jedem zu helfen, im Verlauf dieser Einheit Gottes Liebe und Zuneigung zu jedem Einzelnen besser zu verstehen. Beten Sie für einen ehrlichen Austausch in der Gruppe und dafür, dass die Gruppenmitglieder einander sensibel zuhören.

Das große Bild

Lesen Sie diese Einführung gemeinsam mit der Gruppe. Zu Beginn des Kapitels: »Anmerkungen für den Leiter« finden Sie Anregungen, wie Sie diesen Abschnitt gestalten können.

Blick durchs Weitwinkelobjektiv

Frage 1: Diese Frage kann die Tür zu einem weiten Spektrum an Interaktion öffnen. Manche können wunderschöne Geschichten von einem liebevollen und fürsorglichen Vater erzählen. Andere werden überraschende oder auch schockierende Geschichten beisteuern. Wenn Ihre Gruppe noch ziemlich neu ist, wird sich das Gespräch vermutlich eher an der Oberfläche bewegen. Wenn Sie als Gruppe schon lange genug zusammen sind, um einander zu vertrauen, kann es zu wesentlichen und

Interaktion

Wer bin ich?

tiefen Enthüllungen kommen. Seien Sie bereit, mehr Zeit auf diese Frage zu verwenden, wenn die Diskussion in die Tiefe geht.

Wenn ein Mitglied der Gruppe von einer Erfahrung erzählt, die für ihn sehr verletzend war, halten Sie inne und beten Sie um Kraft, Heilung und darum, dass die Gegenwart Gottes das Leben und das Herz dieses Menschen berührt.

Ein biblisches Porträt

Lesen Sie bitte Joh 1,12; Gal 4,4–7 und 1 Joh 3,1.

Unter die Lupe genommen

Lesen Sie bitte vor Frage 3 den Schnappschuss: »Die Adoption durch den Vater«.

Fragen 3 und 4: Hier könnte es ganz hilfreich sein, über die Auswirkungen einer irdischen Adoption nachzudenken. Welche Rechte und Vorrechte erhält ein Kind, das adoptiert wird? Wenn wir realisieren, dass wir durch Gott adoptiert wurden, sehen wir allmählich die Bedeutung unserer Sohn- oder Tochterschaft. Gott hat uns erwählt, damit wir seine geliebten Kinder sein sollen. Eine einzigartige Komponente unserer Adoption durch Gott ist die neue Bedeutung, die der Himmel nun für uns hat. Wir sind jetzt Erben des Himmelreiches. Nehmen Sie sich Zeit, um über die Schätze des Himmels zu diskutieren, die auf alle warten, die Gottes Söhne und Töchter sind.

Lesen Sie vor Frage 5 den Schnappschuss: »Die Zuneigung des Vaters«.

Frage 5: Wenn wir als ganz hingegebene Nachfolger Jesu Christi leben wollen, müssen wir lernen, in seiner Liebe zu leben. Unser himmlischer Vater möchte, dass wir seine Liebe empfangen und sie großzügig an andere weitergeben. Tauschen Sie sich in der Gruppe über verschiedene Möglichkeiten aus, wie wir die Liebe des Vaters erfahren können. Regen Sie auch eine kreative und praktische Diskussion darüber an, wie wir die Zuneigung und Liebe des Vaters an andere weitergeben können.

Zur Vertiefung

Einheit 1

Lesen Sie vor Frage 7 den Schnappschuss: »Die Autorität des Vaters«.

Fragen 7 und 8: Die Söhne und Töchter von liebevollen Vätern bemühen sich darum, Möglichkeiten zu finden, wie sie ihrem Vater eine Freude machen können. Sie möchten seine Stimme hören und schenken ihr Beachtung. Sie wollen seinen Wegen folgen, auf seine Tagesordnung eingehen, seine Pläne umsetzen und sich seiner Autorität völlig unterordnen. Laden Sie die Mitglieder Ihrer Gruppe dazu ein, sich Gottes väterlicher Autorität in ihrem Leben unterzuordnen.

Frage 9: Und noch ein weiterer schöner Punkt an der Lehre der Adoption durch Gott: Wenn wir alle Söhne und Töchter Gottes sind, dann sind wir auch Brüder und Schwestern! Das ist unser Verhältnis zueinander. Ich weiß nicht, wie oft ich diese Worte schon gehört habe: »Die Willow Creek-Familie, die Leute in dieser Gemeinde sind in so vieler Hinsicht die einzige Familie, die ich habe.« Diese Worte klingen immer in meinen Ohren. Für die meisten von uns gelten sie aus dem einen oder anderen Grund. Wir leben in einer mobilen, zerstückelten Gesellschaft, und für viele von uns sind die Christen, die wir kennen, die einzige wahre Familie, die wir haben.

Deshalb sagte Gott so nachdrücklich, als er durch die Schreiber der Bibel seine Instruktionen gab: »Bitte, bitte, liebe Söhne und Töchter, behandelt einander wie Brüder und Schwestern. Seid geschwisterlich zueinander. Nicht grausam. Nicht egoistisch. Nicht unsensibel. Ermutigt einander und teilt miteinander, sagt einander die Wahrheit. Warnt und ermahnt einander. Betet füreinander. Liebt und schätzt einander.«

Abschließendes Gebet

Sie können das folgende Gebet in einer abschließenden Gebetszeit verwenden: »Vater, ich möchte jeden Tag meines Lebens im Bewusstsein deiner Zuneigung zu mir leben. Ich möchte mich sicher, geborgen, geliebt und geschätzt fühlen. Aber ich möchte auch unter deiner Autorität leben, weil du als liebevoller Vater weißt, was das Beste für deine Kinder ist. Ich möchte mich dir hingeben. Ich möchte so handeln, wie ein guter Sohn oder eine gute Tochter handeln würde. Ich möchte deiner Führung, dei-

Interaktion

Wer bin ich?

nem Urteil und deiner Leitung vertrauen. Nimm mein Leben, Vater. Nimm es zu deiner Ehre.«

Setzen Sie sich selbst ins Bild

Sagen Sie den Gruppenmitgliedern, dass sie zu Beginn des nächsten Treffens Zeit haben, darüber zu diskutieren, wie sie ihren Glauben in Taten umgesetzt haben. Lassen Sie sie erzählen, wie sie mit den oben vorgestellten Möglichkeiten umgegangen sind. Schränken Sie den Austausch über diese Möglichkeiten nicht ein. Es kann sein, dass einige sich als Ergebnis ihrer Studien selbst anders ins Bild gesetzt haben als vorgeschlagen. Ermöglichen Sie ehrlichen und offenen Austausch.

Stellen Sie auch klar, dass es keine »Abfrage« oder irgendeine erzwungene Berichterstattung geben wird. Es wird lediglich Zeit zur Verfügung stehen für die Leute, die freiwillig erzählen wollen, wie sie das praktisch umgesetzt haben, was sie in der vergangenen Einheit gelernt haben. Manche Gruppenmitglieder können sich unter Druck gesetzt fühlen, weil sie denken, dass Sie jeden Bericht erstatten lassen, inwieweit er seine Ziele umgesetzt hat. Sie möchten sicher nicht, dass jemand zum nächsten Treffen nicht kommt, weil er Angst hat, sagen zu müssen, dass er seine »Hausaufgaben« nicht gemacht hat. Der Schlüssel liegt darin, einen Ort zu schaffen, an dem ehrliche Kommunikation möglich ist, ohne Druck oder die Angst, in Verlegenheit gebracht zu werden.

Jede Einheit wird von jetzt an mit einem Blick zurück auf den Abschnitt »Setzen Sie sich selbst ins Bild« der vorangegangenen Einheit beginnen.

Zur Vertiefung
Einheit 2

Heilige

Textstellen: Eph 1,1.18; 2,19; 3,8; 4,11–13; 5,3; 6,18

Einführung

Diese Einheit beschäftigt sich mit unserer neuen Identität als Heilige. Viele Nachfolger Christi können es nachvollziehen, ein Kind Gottes, ein Botschafter, ein Diener, ein Verwalter zu sein oder irgendeine andere Identität zu besitzen. Aber es ist sehr schwer für sie, sich selbst als Heilige zu sehen. In manchen Fällen ist das durch einen kirchlichen Hintergrund bedingt, der ein sehr strenges Verständnis von Heiligen als denjenigen hat, die offiziell von der Kirche anerkannt werden. Andere kämpfen vielleich mit dieser Identität, weil sie wissen, dass sie selbst nicht sehr »heilig« sind. Tatsache ist, dass nur wenige von uns morgens aufstehen und in den Spiegel schauen und das Bild einer Person sehen, die man einen Heiligen nennen könnte.

Diese Einheit soll den Mitgliedern der Gruppe auf drei Ebenen helfen. Sie wird sie zunächst dabei unterstützen, die biblische Aussage zu verstehen, dass alle Christen Heilige sind. Zweitens wird sie ihnen dabei helfen, über ihre Gefühle nachzudenken, die sie bei dem Gedanken empfinden, Heilige zu sein. Und schließlich bekommen sie die Gelegenheit, in ihren Haltungen und Handlungen zu wachsen, die ihre neue Identität in Christus widerspiegeln.

Das große Bild

Lesen Sie diese Einführung gemeinsam mit der Gruppe. Zu Beginn des einleitenden Kapitels: »Anmerkungen für den Leiter« finden Sie Anregungen, wie Sie diesen Abschnitt gestalten können.

Interaktion

Wer bin ich?

Blick durchs Weitwinkelobjektiv

Frage 1: Erlauben Sie der Diskussion, verschiedene Perspektiven abzudecken. Es geht hier nicht darum, die richtige oder falsche Antwort zu finden. Die Teilnehmer Ihrer Gruppe sollen sich einfach darüber austauschen, wie ihrer Ansicht nach ein Heiliger aussieht. Manche werden aufgrund ihrer Herkunft oder ihres kirchlichen Hintergrundes sehr starke Gefühle äußern.

Frage 2: Die meisten Menschen sind in ihrem Leben anderen Menschen begegnet, die etwas gelebt haben, das wir ein »heiliges« Leben nennen würden. Geben Sie den Mitgliedern Ihrer Gruppe Zeit, etwas über diese Menschen zu erzählen, die ihr Leben durch ihr Beispiel und ihren Glauben beeinflusst haben. Auch wenn alle Christen durch das Werk Jesu am Kreuz zu Heiligen geworden sind, ist es nicht falsch, den Nachfolgern Christi Bewunderung und Achtung entgegenzubringen, die ein beispielhaftes Glaubensleben führen oder geführt haben.

Ein biblisches Porträt

Lesen Sie bitte Eph 1,1.18; 2,19; 3,8; 4,11–13; 5,3 und 6,18.

In manchen Bibelübersetzungen, beispielsweise in der »Guten Nachricht«, wird das Wort »Heiliger« manchmal mit »Volk Gottes« übersetzt. Es wäre hilfreich, wenn Sie auf diese Tatsache hinweisen würden, wenn Sie diese Übersetzungen verwenden.

Frage 3: Warum verwendet Paulus den Begriff »Heiliger« so frei und so häufig in vielen seiner anderen Briefe? Ich denke, er möchte, dass jeder einzelne Christ mit dem Gedanken vertraut wird, dass in Gottes Augen jeder Christ ein Heiliger ist. Erkennen Sie, dass dies das Wunder des verändernden Werkes Jesu Christi. Er macht aus Sündern Heilige.

Alle, die auf den Tod und die Auferstehung Jesu Christi als ihre einzige Hoffnung auf Vergebung und ihre einzige Hoffnung auf den Himmel vertrauen, sind Heilige. Wir sehen vielleicht nicht immer aus wie Heilige und handeln nicht immer wie diese, aber wir *sind* Heilige! Diese Textabschnitte verdeutlichen, was der Apostel Paulus meinte, als er alle Christen als Heilige bezeichnete.

Zur Vertiefung

Einheit 2

Unter die Lupe genommen

Lesen Sie vor Frage 4 den Schnappschuss: »Ihre Stellung als Heiliger«.

Frage 4: Es kann uns helfen, unsere Stellung als Heilige leichter zu akzeptieren, wenn wir wissen, wie wir Heilige geworden sind. Gott ist derjenige, der diese dramatische und ewigkeitsverändernde Wende Ihrer Position vorgenommen hat. Sie haben einfach die Wahrheit über Ihre Sündhaftigkeit erkannt, Christus als Erlöser angenommen und ihm vertraut, dass er Ihnen Ihre Sünden vergibt.

Im Moment der Erlösung nahm Gott Sie aus dem Lager der Verdammten heraus und stellte Sie auf die andere Seite in die Gemeinschaft derer, denen vergeben wurde. Ihre Position veränderte sich. Dauerhaft! Und dann sagte Gott: »Wegen deiner neuen Stellung, weil du jetzt für immer mein bist, in meine Familie gehörst, meine Zuneigung bekommst, in meiner Gunst stehst, bist du von der Sünder gereinigt, mit meinem Geist erfüllt, mit der Gerechtigkeit Christi bekleidet und hast für immer eine Heimat im Himmel sicher.«

Wir wurden von Gott ausgesondert. Dies ist die eigentliche Bedeutung des Begriffes »Heilige«. Ausgesondert. Die Menschen, die im Lager der Verdammten leben, sind Teil der Masse der Menschheit, die völlig egoistisch leben und dafür in der Ewigkeit bezahlen müssen. Menschen, die sich Christus anvertraut haben, werden von Gott auf die andere Seite gezogen – in die Gemeinschaft derer, denen vergeben wurde – und von der Masse der Menschheit abgesondert. Sie sind herausgerufen, ausgesondert, um Gott zu loben und anderen Heiligen zu dienen. Sie wurden ausgesondert, um in Gemeinden organisiert zu werden und sich um diejenigen zu bemühen, die außerhalb der Familie stehen. Sie sind ausgesondert, um mit geistlichen Gaben erfüllt zu werden. Sie sind ausgesondert, um eines Tages eine Heimat im Himmel zu erhalten.

Warum fällt es uns so schwer, uns selbst als Heilige zu sehen? Ich denke, dass fast jeder Christ mehr Zeit damit verbringt, sich über die Tatsache zu beklagen, dass er sich überhaupt nicht als Heiliger benimmt, als Gott für seine Stellung als Heiliger zu loben. Ich weiß, dass ich mich so verhalte. Ich kann über meine Position als Heiliger nachdenken und dabei etwas verweilen,

Interaktion

Wer bin ich?

und nach dreißig Sekunden sage ich dann: »Aber ich habe beim Essen heute nicht so geredet wie ein Heiliger und ich habe meine Tochter gestern vor der Schule, als sie nicht rechtzeitig fertig war, nicht behandelt, wie ein Heiliger das tun würde. Ich habe meine Mitarbeiter heute nicht so behandelt wie ich eigentlich sollte und habe die Selbstbeherrschung verloren … Als Heiliger macht man das nicht!«

Frage 5: Ist es nicht an der Zeit, dass sich einige von uns mehr auf das Wunder unserer Stellung konzentrieren, anstatt sich immer gleich auf den Frust und unser Scheitern in der Praxis zu stürzen? Stellen Sie sich einen Vater vor, der sich immer einen Sohn gewünscht hat, aber aus welchen Gründen auch immer keinen haben kann. Schließlich adoptiert er einen zwölfjährigen Jungen. Er möchte diesen kleinen Kerl lieben, ihn in die Familie integrieren und ihm zeigen, dass er wirklich ein Teil von ihr ist. Er überschüttet den Jungen mit Liebe und Zuneigung. Eines Abend bringt er den Jungen ins Bett und sagt: »Ich bin so froh, dass du mein Sohn bist. Ich bin so froh, dass du ganz rechtmäßig in diese Familie hineinadoptiert wurdest und dass du mein bist.« Und dann stellen Sie sich seinen Frust vor, wenn der Sohn erwidert: »Aber ich habe letzte Nacht mein Fahrrad draußen vergessen und ich weiß, dass ich den Abfall nicht weggebracht habe und ich habe gesagt, dass ich das Geschirr spüle und habe es nicht gemacht und …« Der Vater würde entgegnen: »Aber ich rede doch gerade davon, wie schön es ist, dass du in meiner Familie bist, dass du Teil meines Heims und meiner Träume bist.« Und der Junge fügt hinzu: »Ja, aber mein Fahrrad, Papa, du weißt, mein Fahrrad.« Der Vater sehnt sich nach seiner Liebe und einer Beziehung zu diesem Jungen.

Ich wette, dass Gott, Ihr himmlischer Vater, in Ihren Gebets- und Anbetungszeiten schon oft zu Ihnen gesagt hat: »Feiere deine Position. Du gehörst mir. Du bist ein Heiliger. Du bist abgesondert. Du stehst in der Gemeinschaft derer, denen vergeben wurde. Und du gehörst für immer mir. Wir werden später über die Dinge reden, die schief gelaufen sind. Aber lass uns jetzt einfach deinen neuen Status feiern.«

Ich persönlich versuche, das für mich in erster Linie am Morgen zu machen, wenn ich Tagebuch schreibe und meine Gebete schriftlich formuliere. Ich versuche, mehr und mehr Zeit damit zu verbringen, über die Tatsache nachzudenken und Gott zu loben, dass ich auf wunderbare Weise aus dem Lager der Ver-

Zur Vertiefung

Einheit 2

dammten in die Gemeinschaft derer, denen vergeben ist, versetzt wurde. Ich versuche, bei diesem Gedanken zu verweilen, bevor ich in Selbstprüfung und Kritik verfalle. Ich stehe genau hier und genieße meine Position und danke Gott dafür. Ich bin gerettet. Ich bin geborgen in seiner Liebe. Ich bin an den Himmel gebunden. Ich bin ein Sohn. Ich habe Zugang zum Vater. Ich habe Brüder und Schwestern. Ich habe den Heiligen Geist.

Lesen Sie vor Frage 6 den Schnappschuss: »Das Leben eines Heiligen«.

Frage 6: Wenn die Gruppe über diese Frage diskutiert, geben Sie Raum für verschiedene Antworten. Sehen Sie diesen Abschnitt als Stoffsammlung zu Dingen, die unser Leben als Heilige kennzeichnen können und sollten. Am Ende dieses Austausches werden die meisten, wenn nicht alle Mitglieder der Gruppe Bereiche gefunden haben, in denen sie sich auf ihrem Weg mit Jesus noch weiterentwickeln müssen.

Frage 7: Wenn Sie sich nicht wie ein Heiliger verhalten, dann erinnern Sie sich daran, zu welchem Lager Sie gehören. Ich weiß nicht, wie viele Christen eine ernste oder nicht so ernste Sünde begehen und als erstes denken: »Ich gehöre jetzt nicht mehr zur Gemeinschaft derer, denen vergeben ist. Ich bin wieder den ganzen Weg zurück ins Lager der Verdammten gelaufen. Ich bin nicht mehr erlöst. Ich habe kein Anrecht mehr auf einen Platz im Himmel. Oh nein, was für eine Tragödie! Und was jetzt?« Wenn solche Gedanken aufsteigen, ist es wichtig, einen starken Halt in Ihrer neuen Position als Heiliger zu haben. Wenn Sie erst einmal in der Gemeinschaft derer sind, denen vergeben wurde, dann bleiben Sie auch darin. Und keiner, so erklärt uns Jesus, kann Sie aus diesem Lager vertreiben (vgl. Joh 10). Keiner. Wenn Sie also nicht wie ein Heiliger handeln, dann denken Sie daran, dass Sie immer noch im Lager derer sind, denen vergeben wurde, und dass Ihnen ein für allemal vergeben ist. Sie können sicher sein, dass Jesus Christus mit seinem Blut die Fehler in Ihrem alltäglichen Verhalten reinigt, wenn Sie ihn darum bitten. Das gilt für Sie und das gilt für alle anderen Nachfolger Christi. Leben Sie in der Vergebung Gottes und teilen Sie sie mit anderen.

Interaktion

Wer bin ich?

Setzen Sie sich selbst ins Bild

Ermutigen Sie die Mitglieder Ihrer Gruppe, sich in der kommenden Woche Zeit zu nehmen und diesen Abschnitt zur praktischen Umsetzung als Gelegenheit für persönliches Wachstum zu sehen.

Zur Vertiefung
Einheit 3

Soldaten

Textstelle: Eph 6,10–18

Einführung

Diese Einheit beschäftigt sich mit unserer neuen Position als Soldaten Gottes. Gott beruft uns dazu, ihm in den geistlichen Schlachten, denen wir täglich ausgesetzt sind, zu dienen. Die zentrale Frage dieser Einheit lautet: »Welche Art von Soldat möchte ich sein?« Gottes Wunsch ist es, dass wir Soldaten sind, die auf sein Wort gehorchen und bereit sind, ihm in die Schlacht zu folgen, egal, was es kostet.

Die Schlachten, denen wir gegenüberstehen, sind real. Unser Feind ist gut ausgerüstet, täuschend und gefährlich. Die Gruppenmitglieder müssen beginnen, in militärischen Kategorien zu denken. Diese Einheit wird den Teilnehmern helfen, sich selbst als Soldaten in Gottes Armee zu sehen.

Das große Bild

Lesen Sie diese Einführung gemeinsam mit der Gruppe. Zu Beginn des Kapitels: »Anmerkungen für den Leiter« finden Sie Anregungen, wie Sie diesen Abschnitt gestalten können.

Ein biblisches Porträt

Lesen Sie bitte Eph 6,10–18.

Frage 2: Sie können zur Vorbereitung auf diese Einheit den Bibelabschnitt Mt 8,5–13 lesen. Dieser Text berichtet von Jesus und dem Hauptmann von Kafarnaum. Es könnte jedoch auch hilfreich sein, diesen Text in der Gruppe erst im Kontext dieses Teils Ihrer Diskussion zu lesen.

Wenn ich mich nicht irre, ist dieser Hauptmann der einzige Mensch im Neuen Testament, den Jesus bewundert. Warum war Jesus über diesen römischen Soldaten so erstaunt? Der Soldat machte einfach eine aufrichtige Bemerkung in Bezug auf seinen Diener. Jesus bot ihm an, zu kommen und den Diener

Interaktion

Wer bin ich?

zu heilen. Aber der Hauptmann ließ Jesus wissen, dass es nicht notwendig sei, in sein Haus zu kommen. Jesus müsste nur ein Wort sagen, und er wüsste, dass sein Diener gesund wäre.

Hier liegt der faszinierende Punkt. Dieser Soldat kennt sich mit Autorität und Unterordnung im militärischen Bereich aus. Er sagt: »Jesus, ich verstehe ein paar Grundlagen. Ich habe Soldaten über mir und ich habe Soldaten unter mir. Und jeder von uns weiß, dass ohne Disziplin, Autorität und Unterordnung Chaos im Lager herrscht.« Und dann fügt er mit einem Augenzwinkern hinzu: »Und ich weiß, dass du, Jesus, über mich, über meinen Diener und über die Krankheit meines Dieners Autorität hast. Du bist die höchste Autorität in dieser Welt. Wir sind dir in diesem Moment alle untergeordnet, also sag nur ein Wort.« Und Jesus war erstaunt: »Wahrhaftig, solch ein Vertrauen habe ich in Israel nirgends gefunden!« Also heilte Jesus über eine weite Entfernung hinweg in genau dieser Stunde den Diener des Hauptmanns. Ich denke mir, dass Jesus beim Weitergehen dachte: »Oh, gib mir ein paar Hundert Soldaten wie diesen Menschen in meine Armee und dann, Welt, pass auf! Gib mir eine ganze Einheit von Männern und Frauen, die das Prinzip von Unterordnung, Autorität, Herrschaft, Leitung und Glaube verstanden haben.«

Welche militärischen Begriffe werden in der Bibel und von Nachfolgern Christi verwendet? Der Mann, der vor über zwanzig Jahren den größten Einfluss auf die Vermittlung von Visionen für den Dienst der *Willow Creek*-Gemeinde hatte, ist Dr. Gilbert Bilezikian. Er verwendet oft militärische Begriffe, wenn er über Strategien und Dienste spricht. Wenn ein Dienst erfolgreich ist, sagte er nicht, dass er Erfolg hat, sondern dass er dem Feind eine Niederlage beigebracht hat. Wenn wir über die Möglichkeit sprechen, Tochtergemeinden zu gründen, spricht er davon, einen Landekopf einzurichten. Er redet davon, Nachschub und Verstärkung an Gemeinden zu schicken, die Probleme haben. Und wenn wir als Gemeinde das Gefühl haben, einer Attacke Satans ausgesetzt zu sein, spricht er davon, eine Gegenoffensive zu starten und süße Rache zu nehmen.

Offensichtlich hatte der Apostel Paulus ähnliche Gefühle, als er die berühmte Passage über den geistlichen Kampf niederschrieb (Eph 6).

Zur Vertiefung

Einheit 3

Unter die Lupe genommen

Lesen Sie bitte vor Frage 3 den Schnappschuss: »Wochenendkrieger«.

Frage 4: Es ist leicht, in den Trott des Wochenendkriegers zu fallen. Diskutieren Sie als Soldaten Christi über den Einfluss derer, die die Schlacht nicht ernst genug nehmen. Weil es in der Kirche eine Menge dieser Leute gibt, sollten Sie sich auf eine lebhafte Diskussion einstellen. Denken Sie aber immer daran, dass das Ziel dieser Diskussion nicht darin besteht, diejenigen namentlich zu benennen oder niederzumachen, die Probleme in der Schlacht haben. Entwickeln Sie lieber Strategien, wie Sie ihnen helfen können, wieder an die Frontlinie zu kommen.

Lesen Sie bitte vor Frage 5 den Schnappschuss: »Unerlaubtes Entfernen von der Truppe«.

Frage 6: Wenn Sie in diese Diskussion einsteigen, denken Sie daran, dass manche Soldaten, die durch unerlaubte Abwesenheit glänzen, sich der Gemeinde und der Schlacht entzogen haben, weil sie verletzt worden sind, manchmal auch durch »Feuer« aus den eigenen Reihen. Manche wurden durch andere Christen oder Gemeinden geschlagen und verwundet, die ihnen nicht die Liebe und Fürsorge Jesu entgegengebracht haben. Entwickeln Sie gemeinsam Strategien, wie Sie diese Brüder und Schwestern wieder zurück in die Gemeinschaft bringen können. Um welche Menschen sollten Sie sich konkret kümmern?

Lesen Sie bitte vor Frage 7 den Schnappschuss: »Soldaten, die aufs Wort gehorchen«.

Frage 8: Lesen Sie bitte 2 Tim 2,3. Der Apostel Paulus schreibt dem jungen Timotheus: »Nimm es auf dich, als treuer Kämpfer Jesu Christi zusammen mit mir für ihn zu leiden.« Zu den Konsequenzen der Entscheidung, ein Krieger Gottes zu sein, gehört die Bereitschaft, für eine Sache zu leiden, die es wert ist. Ohne Frage erzählen die meisten großartigen Geschichten vom Leben von Soldaten, die in Kriegszeiten unglaubliche Schicksale erlitten haben. Paulus, der kampfgestählte Soldat Christi, schreibt dem jungen Timotheus einen Brief, den man mit einem

Interaktion

Wer bin ich?

schwarzen Peter vergleichen könnte. Er warnt Timotheus, dass gute Soldaten Jesu Christi einem harten Kampf entgegensehen. Und er instruiert Timotheus nicht nur, Probleme zu erwarten, sondern auch, sie zu erleiden.

Einfach gesagt gehört zum Soldatenleben auch immer Leid. Manche werden mehr leiden müssen als andere, aber *alle* Soldaten erwartet Leid. Verschwenden Sie keinen Gedanken daran, dass Sie einen anderen Weg gehen werden, als die übrigen christlichen Soldaten im Lauf der Geschichte gegangen sind. Auch Jesus erklärt dies ganz deutlich: »Verleugne dich selbst, nimm dein tägliches Kreuz auf dich und folge mir.«

Zugegebenermaßen gibt es nicht viele Predigten über dieses Thema. Nicht viele Gemeindeleiter lehren diesen Teil des Glaubens gerne, weil die Menschen überwiegend Lebewesen sind, die nach dem Erfreulichen und Komfortablen suchen. Erzählen Sie einem Suchenden oder einem schwachen, halbherzigen Christen, dass Probleme, satanische Widerstände und Angriffe Kummer, Kopfschmerzen und Auseinandersetzungen verursachen werden und beobachten Sie, wie viele sich unerlaubt von der Truppe entfernen. Aber Paulus nutzt die Gelegenheit und rät: »Macht die Wahrheit bekannt. Soldaten werden Leid ausgesetzt sein. Die Anforderungen sind himmelhoch. Unser Kampf bestimmt über das Schicksal von Menschen, die Gott wichtig sind.« Jesus, unser Anführer, war bereit, in den Tod zu gehen und den letzten Sieg über den Feind zu erringen. Er erwartet von uns, dass auch wir bereit sind, einen Preis für die Siege über das Böse zu zahlen.

Frage 9: Es gibt einen Bereich des christlichen Glaubens, der äußerst privat ist. Es gibt Momente, in denen Sie allein in Ihrer Bibel lesen und es dort heißt: »Tu dies und jenes«, und Sie wissen, dass Sie dies und jenes eben nicht tun, und blicken für einen Augenblick der Wahrheit ins Auge. Sie müssen ehrlich sein: Welche Art von Soldat sind Sie? Sind Sie bereit zu sagen: »Sag nur ein Wort und ich gehorche.« – Egal, was es kostet?

Es gibt Augenblicke, in denen Sie Ihrem Alltagsgeschäft nachgehen und Gott Ihnen ganz deutlich den Auftrag gibt, einem bestimmten Menschen zu dienen oder auf ihn zuzugehen. Welche Art Soldat sind Sie in diesen Augenblicken? In solchen Situationen wird die Schlacht gewonnen oder verloren. Es ist egal, wie viele Gottesdienste Sie am Sonntagmorgen besuchen oder

Zur Vertiefung
Einheit 3

an wie vielen Bibelstunden Sie teilnehmen, Sie müssen trotzdem immer noch in diesen kritischen Momenten Ihres Lebens sagen: »Sag nur ein Wort und ich gehorche.« Sie können ausgefeilte Gebete beten. Sie können eine große Bibel mit sich herumschleppen. Sie können ein christliches Lächeln auf Ihren Lippen und einen frommen Aufkleber auf Ihrem Auto haben. Aber die Schlachten werden in diesen Momenten der Wahrheit gewonnen oder verloren, wenn Sie die Führung Gottes spüren und sich fragen müssen: »Welche Art von Soldat bin ich in diesem Augenblick? Bin ich ein Soldat, der Autorität und Unterordnung anerkennt? Bin ich bereit, ja zu sagen, egal, was es kostet?«

Frage 10: Beenden Sie Ihre gemeinsame Zeit, indem Sie konkrete Taktiken und Strategien entwerfen, um als Einzelne und als ganze Gruppe zu Soldaten zu werden, die im Dienst für Gott aufs Wort gehorchen. Tauschen Sie sich darüber aus, auf welchen Schlachtfeldern Sie zur Zeit kämpfen und wie der Kampf nach Ihrer Einschätzung aussieht. Kein Soldat kann für sich alleine kämpfen. Überlegen Sie gemeinsam, wie Sie sich gegenseitig im Kampf unterstützen und stärken können.

Setzen Sie sich selbst ins Bild

Ermutigen Sie die Mitglieder Ihrer Gruppe, sich in der kommenden Woche Zeit zu nehmen und diesen Abschnitt zur praktischen Umsetzung als Gelegenheit für persönliches Wachstum zu sehen.

Zur Vertiefung
Einheit 4

Botschafter

Textstelle: 2 Kor 5,16–20

Einführung

Diese Einheit beschäftigt sich mit unserer neuen Identität als Botschafter Gottes. Wenn wir Nachfolger Christi werden, sind wir dazu berufen, seine Botschafter zu sein. Wir sind die Boten, die den Menschen, die Gott noch nicht kennen, die gute Nachricht von Jesus bringen. Das Ziel dieser Einheit besteht darin, verschiedene Arten von Botschaftern kennenzulernen und zu versuchen, selbst ein effektiver Botschafter für das Reich Gottes zu werden.

Das große Bild

Lesen Sie diese Einführung gemeinsam mit der Gruppe. Zu Beginn des Kapitels: »Zur Vertiefung« finden Sie Anregungen, wie Sie diesen Abschnitt gestalten können.

Blick durchs Weitwinkelobjektiv

Frage 1: Hier finden Sie fünf Eigenschaften eines göttlichen Botschafters, über die Sie nachdenken und diskutieren können:

- Wenn ich den idealen Botschafter aussuchen müsste, würde ich erstens nach einem Menschen Ausschau halten, der voller Weisheit und Erkenntnis ist. Ich würde mir einen reifen Menschen wünschen, der kampferprobt ist, der weiß, was zu tun und was im bestimmten Situationen zu sagen oder auch nicht zu sagen ist. Ich würde mich nach einem weisen Menschen umsehen, der einen sechsten Sinn dafür besitzt, im richtigen Augenblick die richtigen Dinge zu sagen und zu tun.
- Zweitens, und das wird Sie vielleicht etwas überraschen, würde ich nach einem Menschen suchen, der die Fähigkeit besitzt, andere für sich zu gewinnen. In einer hochexplosiven

Interaktion

Wer bin ich?

Situation kann ein gewinnender Mensch eine Menge Brücken gegenseitigen Verständnisses bauen und eine Menge Ressentiments zerstreuen. Ein gewinnender Mensch ist beziehungsorientiert, höflich, ein guter Zuhörer und hat einen Sinn für Humor. Er ist gastfreundlich, redegewandt und liebenswert. Ich denke, dass ein weiser und gewinnender Mensch ein guter Kandidat für einen Botschafter wäre.

- Drittens würde ich nach einem Menschen Ausschau halten, der großes Wissen besitzt; jemand, der mit der Geschichte und den Werten anderer Menschen und gleichzeitig auch mit der Geschichte und den Werten des Christentums vertraut ist. Für einen Botschafter kann eine Wissenslücke unter Umständen tödlich sein.
- Viertens würde ich nach einem redegewandten Kommunikator suchen. Nach einem Menschen, der sich kurz, präzise und doch leicht und selbstbewusst ausdrücken kann. Ein Botschafter sollte nach Möglichkeit ein hervorragender Redner sein.
- Und schließlich würde ich nach einem Menschen suchen, der sich durch persönliches Interesse und Neigung zu diesem Beruf hingezogen fühlt, im Gegensatz zu jemandem, der nur auf einen sicheren Job in der Regierung spekuliert. Ich würde mir jemanden wünschen, der das Land und die Leute liebt und sich danach sehnt, sie versöhnt, miteinander reden und handeln und hin und her reisen zu sehen. Ich würde nach jemandem suchen, der persönliches Interesse daran hat, nach jemandem mit einer inneren Motivation, die über die Aufgabenbeschreibung hinaus geht.

Geben Sie den Mitgliedern Ihrer Gruppe Zeit, ihre eigene Stellenanzeige zu schreiben. Vielleicht möchten Sie einige Gruppenmitglieder bitten, ihre Stellenanzeigen – natürlich freiwillig – vorzulesen.

Ein biblisches Porträt

Lesen Sie bitte 2 Kor 5,16–20.

Zur Vertiefung

Einheit 4

Unter die Lupe genommen

Lesen Sie bitte vor Frage 3 den Schnappschuss: »Der anonyme Botschafter«.

Frage 3: Der anonyme Botschafter kann zwanzig Jahre lang in einem fremden Land leben und das Anliegen der Versöhnung kein bisschen vorangetrieben haben. Das scheint eine kolossale Verschwendung zu sein, oder? Warum ist er Botschafter, wenn er sich selbst im Konsulat einschließt? Er ist ein anonymer Botschafter. Das Schweigen eines anonymen Botschafters kann Menschen davon abhalten, die Wahrheit über Jesus zu erfahren. Seine Weigerung, die Botschaft zu verlassen, macht Versöhnung nahezu unmöglich.

Anonyme Botschafter nehmen vom Heiligen Geist inszenierte Gelegenheiten, das Leben von Nichtchristen zu verändern, überhaupt nicht wahr. Sie verstecken sich stattdessen im Botschaftsgebäude. Sie beten nicht um Gelegenheiten, sich unter das Volk zu mischen, und so erkennen sie diese Gelegenheiten nicht, wenn diese sich auftun.

Lesen Sie bitte vor Frage 4 den Schnappschuss: »Der penetrante Botschafter«.

Frage 4: Es gibt Menschen, die man als penetrante göttliche Botschafter bezeichnen könnte. Zugegebenermaßen können diese unausstehlichen Botschafter auch manches Gute bewirken. Manche Menschen werden durch penetrante Botschafter mit Gott versöhnt. Aber durch sie entsteht größerer Schaden, als irgendjemand ermessen kann, weil sich viele Menschen am Ende noch weiter entfremdet fühlen als je zuvor. Sie sind weiter von Gott entfernt und wütender auf ihn, als sie es vor ihrer Begegnung mit dem Botschafter waren. Anonyme Botschafter erreichen nicht viel, aber penetrante Botschafter machen fast ausschließlich Dinge, von denen wir uns wünschten, dass sie sie lieber lassen würden. Beispielsweise brechen sie oft in private Bereiche ein, egal, ob der Heilige Geist ihnen die Gelegenheit öffnet oder nicht.

Ist es nicht an der Zeit, dass einige dieser penetranten Botschafter im Reich Gottes ein paar Gänge herunterschalten und reali-

Interaktion

Wer bin ich?

sieren, dass die zunehmende Entfremdung von Suchenden ein ernstes und potentiell vernichtendes Problem ist? Ist es nicht Zeit, dass diese Botschafter ihre übereifrigen, unter Druck setzenden Taktiken ändern und sich ins Gedächtnis rufen, dass die meisten Menschen lieber behutsam zum Ort der Versöhnung begleitet, anstatt eingeschüchtert zu werden? Ist es nicht Zeit, dass Gottes Botschafter lernen, wie man auf Suchende mit einer Taktik zugeht, die diese anzieht, anstatt sie noch weiter weg zu treiben?

Lesen Sie bitte vor Frage 5 den Schnappschuss: »Der effektive Botschafter«.

Frage 5: Vor einiger Zeit flog ich von New York nach Chicago und saß im Flugzeug zufällig neben einem Mann, der in der Nähe unserer Gemeinde wohnte. Als ich ihm meinen Namen nannte, erinnerte er sich und sagte: »Sie haben doch was mit dieser Willow Creek-Gemeinde zu tun.« Ich bestätigte dies und fragte ihn, was er über die Gemeinde gehört hatte. Er antwortete: »Ach, überwiegend positive Dinge.« Dann ließ er mich wissen, dass er an Gott nicht interessiert war und schon gar nicht an der Kirche. Also betete ich im Stillen: »Herr, was soll ich tun? Hier sitzt ein Mann, der dir wichtig ist. Er hat es so nötig, mit Gott versöhnt zu werden, und ich bin dein Botschafter. Was soll ich tun?«

Ich dachte, wenn er schon nicht über Gott und über die Kirche reden wollte, dann vielleicht über etwas anderes. Ich fand heraus, dass er bereit war, über die Wirtschaft zu reden, worüber wir dann auch etwa fünfundvierzig Minuten diskutierten. Daraus entstand ein Gespräch über *Burn-Out*. Im Verlauf unserer Unterhaltung erzählte er mir, dass er seit acht Jahren keinen einzigen Urlaub gemacht hatte. Ich fragte ihn nach dem Opfer, das er dadurch von seiner Frau und seinen Kindern verlangt hatte, und er wurde sehr persönlich. Ich fragte ihn schließlich: »Dürfte ich Ihnen ein paar Bücher zuschicken, in denen es um Burn-Out geht und darum, wie man die zerstörerischen Folgen abwenden kann?« Er sagte, dass er diese Bücher gerne lesen würde. Also schickte ich ihm zwei christliche Bücher zu diesem Thema, die auch das Thema der Liebe Christi anschnitten.

Ich fühlte mich durch den Heiligen Geist bestätigt und tat das Richtige in dieser Situation. Wenn ich weniger als das getan hätte, wäre es nie zu diesem Gespräch gekommen. Wenn ich

Zur Vertiefung

Einheit 4

mehr getan hätte, hätte ich vermutlich eine noch größere Entfremdung verursacht. Ein effektiver göttlicher Botschafter hält nach Gelegenheiten Ausschau, betet für Gelegenheiten, und wenn er spürt, dass Gott ihm diese über den Weg schickt, dann sagt er: »Oh Gott, gib mir Weisheit, genau hier und genau jetzt. Wie weit soll ich gehen? Soll ich diesen Menschen herausfordern? Soll ich ihn einfach nur lieben? Leite mich, Heiliger Geist, ich folge dir.« Und hier beginnt das Abenteuer, und der Botschafter kommt wirklich ins Spiel.

Frage 6: Lesen Sie bitte Kol 4,5. Ein effektiver Botschafter Gottes muss dessen Weisheit empfangen und umsetzen. Paulus schreibt: »Verhaltet euch klug gegenüber denen, die nicht zur Gemeinde gehören, und nutzt die Zeit.« Seid weise in euren Beziehungen zu Außenstehenden. Ergreift vom Heiligen Geist arrangierte Gelegenheiten und macht das Beste daraus.

Weisheit hat viele Formen. Die Bibel stellt unsere Hauptquelle für Weisheit dar. Gott hat uns dieses Buch gegeben, um uns zu helfen, auf dem Weg der Weisheit zu gehen. Tägliches Lesen in der Bibel ist ein Schlüssel für wachsendes Wissen. Wir bekommen auch mehr Weisheit, wenn wir mit weisen Menschen zusammen sind. Es gibt viele Menschen, mit denen wir Zeit verbringen und von deren Weisheit wir profitieren können. Wir müssen daran arbeiten, mit denen Zeit zu verbringen, die uns positiv mit Gottes Weisheit beeinflussen.

Frage 7: Ein effektiver göttlicher Botschafter muss gewinnend sein. Lesen Sie bitte Kol 4,6. Dort steht: »Redet immer so, dass sie gerne zuhören. Sucht nach dem treffenden Wort. Für jeden sollt ihr die rechte Antwort bereit haben.« Interessant, oder? Wenn Sie wirklich ein Verhältnis zu Außenstehenden aufbauen und ein effektiver, gewinnender göttlicher Botschafter sein wollen, dann muss Ihr Reden im Allgemeinen freundlich und doch mit Salz gewürzt sein. Sehen Sie die Ausgewogenheit? Ein anonymer Botschafter ist immer nur freundlich. Ein penetranter Botschafter würzt alles kräftig mit Salz. Ein effektiver Botschafter aber redet freundlich und auch mit Salz gewürzt. Ein gewinnender Botschafter lernt, wie man jedem Menschen gegenüber richtig reagiert. Gewinnend zu sein beinhaltet auch, das Wesen des Menschen zu verstehen, den Sie mit Gott zu versöhnen versuchen, und die Beziehung zu ihm positiv und kreativ zu gestalten.

Interaktion

Wer bin ich?

Gewinnend zu sein heißt auch, bereit zu sein, ehrliches Interesse an dem Menschen zu zeigen, den Sie beeinflussen wollen. Sie müssen rücksichtsvoll, wie ein Diener und demütig sein. Und Sie müssen authentisch sein, das heißt, der andere muss erkennen können, dass Sie mit denselben Problemen kämpfen wie jeder andere auch.

Frage 8: Effektive göttliche Botschafter kennen das Land, die Werte und die Leute, die sie zu beeinflussen suchen. Sie kennen auch das Land, die Werte und die Leute, die sie vertreten. Beides ist wesentlich. Wir müssen wissen, was in der Welt und im Leben der Menschen passiert, die wir zu beeinflussen versuchen. Es gibt einige Bereiche, die für die Arbeit eines Botschafters wichtig sind. Diese Bereiche kann ich keinem anderen übertragen, wenn ich ein effektiver Botschafter sein möchte, der sich auskennt.

Ich muss unbedingt auf dem neuesten Stand sein, was Ereignisse und Veranstaltungen betrifft. Wenn ich mich mit Männern und Frauen auf der Straße unterhalte, geht es im ersten Gespräch fast immer um aktuelle Ereignisse: Was gibt es Neues, was macht der Börsenmarkt, etc. Ich muss wissen, was in der Welt um mich herum vor sich geht. Also lese ich die Zeitung und jede Woche vier oder fünf Zeitschriften. Ich schaue die Abendnachrichten an und höre regelmäßig Nachrichten im Radio, weil ich in der Lage sein muss, mir solche Leckerbissen aus den Informationen herauszupicken, die in Gesprächen Brücken schlagen können. Ich muss wissen, was in der Welt vor sich geht, in der diese Menschen leben.

Ich finde es auch wichtig, sich mit Finanzen auszukennen. Wenn ich regelmäßigen Kontakt zu suchenden Menschen habe, muss ich mich mit den Dingen auskennen, die ihnen wichtig sind. Finanzen sind ein häufiges Gesprächsthema, und ich muss die aktuellen Geschehnisse auf diesem Gebiet kennen. Auch Sport ist ein wichtiges Thema. Für mich und viele andere christliche Männer ist es wichtig, über Sportereignisse informiert zu sein, wenn wir uns mit Suchenden unterhalten. Kurz gesagt: Wir müssen uns auf dieselbe Wellenlänge begeben, in der suchende Menschen denken. Wenn wir mit ihnen über unsere Welt sprechen wollen, müssen wir auch in der Lage sein, intelligent über ihre Welt zu reden. Deshalb müssen wir daran arbeiten, uns in der Welt um uns herum auszukennen.

Zur Vertiefung
Einheit 4

Frage 9: Effektive Botschafter müssen die Werte des Landes kennen, in dem sie leben. Und sie müssen die Werte des himmlischen Königreiches kennen, das sie repräsentieren. Dies rät auch Paulus: »Sieh darauf, dass du vor Gott mit deinem Tun bestehen kannst und dich als einer bewährst, der Gottes Botschaft unverfälscht weitergibt« (2 Tim 2,15). Und Petrus erklärt: »Ehrt Christus in eurem Herzen als euren Herrn! Seid immer bereit, Rede und Antwort zu stehen, wenn jemand fragt, warum ihr so von Hoffnung erfüllt seid. Antwortet freundlich und mit dem gebotenen Respekt« (1 Petr 3,15-16a). Wir müssen uns in unserer Welt auskennen. Ich bin der Überzeugung, dass jeder Christ eine kleine Bibliothek an Büchern und Kassetten zu wichtigen Fragen und Themen haben sollte, die weiterhelfen können, wenn Fragen auftauchen. Sind Sie so mit der Gesellschaft in Kontakt, dass Sie sich auf intelligente Weise mit den Menschen über aktuelle Fragen unterhalten können? Und sind Sie vertraut mit den Dingen, die das Reich Gottes betreffen, damit Sie darüber effektiv mit anderen Leuten reden können?

Frage 10: Wenn Sie gute und gewandte Redner sind, fällt effektiven göttlichen Botschaftern ihre Arbeit sehr viel leichter. Wenn Sie weise und gewinnend sind und viel Wissen besitzen und wenn Sie für Gelegenheiten beten, Menschen mit Gott zu versöhnen durch das, was Christus am Kreuz getan hat, dann wird der Heilige Geist Ihnen auch Gelegenheiten über den Weg schicken. Früher oder später werden Sie einem der Momente gegenüberstehen, in dem ein suchender Mensch zu Ihnen sagt: »Sagen Sie mir, was muss ich tun, um mit Gott versöhnt zu werden?« Wenn dieser Moment kommt, dann werden Sie leichter in der Lage sein, diese Frage gewandt und präzise zu beantworten.

Setzen Sie sich selbst ins Bild

Ermutigen Sie die Mitglieder Ihrer Gruppe, sich in der kommenden Woche Zeit zu nehmen und diesen Abschnitt zur praktischen Umsetzung als Gelegenheit für persönliches Wachstum zu nutzen.

Zur Vertiefung
Einheit 5

Freunde

Textstelle: Joh 15,9–17

Einführung

Wenn Sie die Bedeutung dieser Botschaft erfassen können, dann sehen Sie sich vor. In dieser Einheit richten wir unseren Blick auf einen Ort, an dem Jesus eine weitere Dimension unserer neuen Identität verkündet. Er sagt: »Ich möchte, dass ihr alle wisst, dass ich euch, meine Nachfolger, als meine Freunde betrachte. Als meine Freunde, meine persönlichen, engen und vertrauten Freunde. Ja, ihr seid auch Söhne und Töchter, Heilige, Soldaten und Botschafter, aber macht es überall bekannt, dass ihr einen Freund habt.« Und weiter sagt er: »Dieser Freund bin ich.«

Diese Einheit stellt eine gute Gelegenheit dar, sich an dem Geschenk der Freundschaft Gottes zu freuen, das uns Jesus macht. Außerdem haben Sie die Gelegenheit, diese Freundschaft weiterzuentwickeln, indem Sie lernen, wie wir unseren Teil dazu beitragen können, um in unserer Freundschaft zu Jesus zu wachsen. Wenn Sie sich darauf vorbereiten, diese Einheit zu leiten, stellen Sie sich selbst ein paar ehrliche Fragen. Spüren Sie seine Freundschaft? Spüren Sie sie wirklich? Freuen Sie sich über die Tatsache, dass Sie in Jesus einen Freund haben? Freuen Sie sich über die Freundschaft, die Ihnen angeboten wird? Oder ist es schwirig für Sie, diese Freundschaft anzunehmen und damit umzugehen? Seien Sie nicht überrascht, wenn Sie zugeben müssen, dass es für Sie schwirig ist, die Freundschaft Jesu anzunehmen und sich zu Eigen zu machen. Vielen Christen fällt es schwer, sich mit diesem Verständnis vertraut zu machen. Wenn Sie diese Einheit leiten, denken Sie daran, dass vielleicht einige Mitglieder Ihrer Gruppe Schwierigkeiten mit diesem Gedanken haben. Beten Sie darum, dass Jesus Ihnen hilft, seine Freundschaft zu verstehen und effektiv Ihren Gruppenmitgliedern zu kommunizieren.

Interaktion

Wer bin ich?

Das große Bild

Lesen Sie diese Einführung gemeinsam mit der Gruppe. Zu Beginn des Kapitels: »Anmerkungen für den Leiter« finden Sie Anregungen, wie Sie diesen Abschnitt gestalten können.

Ein biblisches Porträt

Lesen Sie bitte Joh 15,9–17.

Unter die Lupe genommen

Frage 3: Die Beschreibung des ersten und größten Beweises der Freundschaft Jesu finden wir in Joh 15,13: »Niemand liebt mehr als der, der sein Leben für seine Freunde opfert.« Wir wissen durch die Geschichte, dass Jesus genau das getan hat. Die Verse 14 und 15 sind miteinander verbunden und geben den zweiten Beweis für seine Freundschaft. Er sagt: »Freunde respektieren die Werte des anderen. Ich weiß, dass ihr meine Werte respektieren und mir gehorchen werdet. Ich weiß das. Ich achte euch. Ich weiß, dass ihr mich achten werdet.« Dann erklärt Jesus, dass er von uns keinen blinden Gehorsam fordert, weil er uns als Freunde betrachtet. Er verlangt nicht, dass wir uns seinen Geboten ohne nachzudenken fügen. Jesus erklärt, dass ein Sklavenhändler oft Befehle bellt und sinngemäß damit sagt: »Gehorcht und fragt nicht, warum. Eure Aufgabe besteht nicht darin, die Gründe zu kennen. Fragt mich nicht, bittet nicht um Erklärungen, versucht nicht vorherzusagen, was ich machen werde, tut es einfach.«

Jesus fügt hinzu: »Ich möchte, dass ihr etwas wisst, Freunde. Ich verheimliche euch nichts. Ich halte keine wesentlichen Informationen zurück, die mein Vater an euch weitergeben möchte. Ich gebe euch alle Informationen, die ich habe. Alles, was ich von meinem Vater gehört habe, gebe ich an euch weiter, weil ihr meine Freunde seid.« Das ist seine Art zu sagen: »Ich möchte, dass ihr in dieser Wahrheit bleibt. Ich möchte, dass ihr euch daran freut. Ich möchte, dass sie euer Leben beeinflusst.« Zusammenfassend sagt er: »Ich möchte, dass ihr allen Leuten bekannt macht, dass ihr einen Freund habt.«

Zur Vertiefung
Einheit 5

Lesen Sie bitte vor Frage 5 den Schnappschuss: »Mehr Zeit miteinander verbringen«.

Frage 5: Dasselbe Prinzip, das für menschliche Beziehungen und Freundschaften gilt, hilft auch, unsere Freundschaft mit Jesus zu verbessern. Jeder einzelne Christ muss für sich selbst entscheiden, wie viel Zeit er täglich mit Jesus verbringen muss, um diese über alle Maßen wichtige Beziehung zu pflegen und weiterzuentwickeln. Das ist von Christ zu Christ unterschiedlich. Und auch was in diesen Zeiten der Gemeinschaft mit Gott passiert, ist individuell verschieden. Aber Sie müssen wissen, dass die Qualität Ihrer Beziehung zu Jesus überwiegend von Ihrer Bereitschaft abhängt, bewusst Zeit zu investieren, um mit ihm Gemeinschaft zu haben.

Ich möchte Ihnen von einem der größten Missverständnisse erzählen, dem ich in der Anfangszeit meines Dienstes erlegen bin. Ich beschloss, meine Beziehung zu Jesus zu verbessern, indem ich meinen Dienst für ihn ausweitete. Ich dachte, meine Freundschaft zu Christus würde sich verbessern, wenn ich nur aktiver wäre, mehr Dinge anpacken und mich intensiver einbringen würde. Ich erinnere mich daran, dass mir ein paar Brüder damals sagten: »Bill, du bist auf dem falschen Dampfer. Gott ist nicht so sehr an deiner rasenden Aktivität interessiert, er möchte einfach nur ein bisschen Gemeinschaft mit dir haben. Ihm würde es wirklich gefallen, wenn du dich einfach zu seinen Füßen setzen und mit ihm reden würdest. Erzähle ihm, wie du über ihn denkst und welche Gefühle du ihm gegenüber hast. Höre ihm zu und denke über ihn nach.« Sie kennen vielleicht die Geschichte von Maria und Martha: Martha ist geschäftig, hastet überall herum und erledigt alle häuslichen Pflichten. Maria sitzt zu Füßen ihres Erlösers. Jesus sagt: »Hier ist eine wirkliche Schwester. Sie sitzt mir einfach zu Füßen.« Es gibt eine Zeit für religiöse Aktivität, aber nicht im Austausch für Gemeinschaft mit Gott. Wenn Sie wollen, können Sie Lk 10, 38-42 lesen und über die Geschichte dieser zwei Schwestern nachdenken.

Wie pflegen Sie Gemeinschaft mit Gott? Es gibt eine Vielzahl verschiedener Möglichkeiten. Sie können Bibel lesen, nachdenken, Tagebuch schreiben, beten, anbeten, zuhören. Jakobus bringt diese unterschiedlichen Handlungen auf einen einfachen Nenner: »Nähert euch Gott, und er wird sich euch nähern« (Jak 4,8). Mit anderen Worten: Verbringen Sie Zeit mit Gott und Sie werden sich ihm näher fühlen. Die Freundschaft wird wachsen. Wenn Sie wirklich entdecken wollen, wie schön es ist, mit

Interaktion

Wer bin ich?

Jesus befreundet zu sein, müssen Sie in Ihren Tagesplan Nischen einbauen, in denen Sie sich für Jesus Zeit nehmen und mit ihm Gemeinschaft haben können. Vielleicht ist es zu Beginn etwas schwierig für Sie, aber bald werden Sie es als natürlich empfinden, und nach einer gewissen Zeit werden Sie nicht mehr ohne diese Zeiten leben können.

Lesen Sie bitte vor Frage 6 den Schnappschuss: »Barrieren abbauen«.

Frage 6: Wenn zwischen Ihnen und Jesus Barrieren stehen, befinden sie sich alle auf Ihrer Seite! Er selbst hat am Kreuz alle Barrieren auf seiner Seite abgebaut. Manchmal stellen wir ein Hindernis auf, wenn wir an seiner Weisheit zweifeln; wenn wir auf den Berg schauen und nicht auf den, der den Berg zur Seite schieben kann; wenn wir seine Führung in Frage stellen; wenn wir gegen seine Wünsche rebellieren; wenn wir uns weigern zu bereuen, auch wenn wir Unrecht getan haben. Wenn wir diese Barrieren erkennen, müssen wir konstruktiv mit ihnen umgehen, oder unsere Freundschaft zu Jesus wird zum Stillstand kommen.

Einer der Gründe, warum jeder Christ regelmäßig zum Abendmahl gehen sollte, besteht darin, dass das Abendmahl so etwas wie ein geistliches »Tuning« ist, eine geistliche Inventur, die uns die Gelegenheit gibt, Barrieren in unserer Beziehung zu Gott oder zu unseren Brüdern und Schwestern zu erkennen. Dann können Sie mit Gott ehrlich über diese Hindernisse sprechen und darauf hoffen, dass sie so bald wie möglich beseitigt werden.

Ein Grund, warum ich jeden Tag meine Gebete und Bekenntnisse aufschreibe, liegt darin, dass ich meine Barrieren in der Beziehung zu Gott abarbeiten möchte. Ich sage einfach: »Herr, was steht zwischen uns? Was mache ich falsch? Was weigere ich mich zu tun? Wo rebelliere ich? Was ist der kritische Punkt in meinem Leben?« Sollen wir nicht Soldaten sein, die aufs Wort gehorchen? Sollen wir nicht Menschen sein, die sagen: »Oh Herr, egal, was die Barriere ist – ob Angst, Ungehorsam, mangelndes Vertrauen oder egal, was sonst –, Herr, ich möchte ein rechtschaffener Mensch sein. Ich bekenne diese Sünde. Vergib sie mir. Ich möchte damit aufräumen, damit ich zu dir eine grenzenlose Freundschaft aufbauen kann.«

Sie können den Mitgliedern Ihrer Gruppe einige Minuten Zeit geben, in denen jeder mit Gott allein sein und ihm alles beken-

Zur Vertiefung

Einheit 5

nen kann, was zu einem Hindernis in der Freundschaft zu ihm geworden ist. Ermutigen Sie sie, sich zurückzuziehen, einen Ort zu finden, an dem sie mit Jesus sprechen und sagen können: »Herr, ich weiß, dass hier eine Barriere steht. Ich weiß, was blockiert, und ich möchte es dir sagen, ich möchte es als Sünde bekennen, damit du es beiseite räumen kannst.« Wenn Sie nach dieser Zeit wieder in der Gruppe zusammenkommen, nehmen Sie sich einen Moment Zeit, um für die Gruppe zu beten und Gott für seine Vergebung zu danken. Sie können vor dieser Übung auch 1 Joh 1,9 lesen.

Lesen Sie bitte vor Frage 7 den Schnappschuss: »Jesus dienen«.

Frage 7: Jesus hat jedem von uns gedient und uns seine Freundschaft ohne den Schatten eines Zweifels bewiesen: Größere Liebe hat keiner als der, der sein Leben für seine Freunde lässt (Joh 15,13). Jesus demonstrierte am Kreuz seine dienende Haltung und er dient Ihnen weiterhin gern. Er beschützt Sie, sorgt für Sie, beantwortet Ihre Gebete, gibt Ihnen Kraft, führt Sie und vergibt Ihnen. Wenn Sie umkehren und ihm dienen, wird sich Ihre Beziehung zu ihm weiter vertiefen. Glauben Sie es mir!

Ihr Dienst für Jesus – wenn er von Liebe und Dankbarkeit motiviert ist – ist einer der wesentlichen Grundbausteine für Ihre Beziehung zu ihm. Sie werden die Freundschaft zu Jesus intensiver spüren, wenn Sie ihm dienen. Je mehr Sie ihm dienen, desto näher werden Sie sich ihm fühlen. Je mehr Sie ihn lieben, desto tiefer wird Ihre Beziehung werden. Sicher profitiert auch die Gemeinde von Ihrem Dienst, aber die eigentliche Motivation sollte Ihre Liebe zu Jesus sein und der Wunsch, die Beziehung zu ihm durch gegenseitigen Dienst zu vertiefen.

Jeder Christ, der Jesus über einen längeren Zeitraum hinweg treu gedient hat, wird Ihnen sagen, dass er einige der kostbarsten Momente in der Beziehung zu Jesus in den Schützengräben seines Diensts erlebt hat. Wenn Sie Jesus nicht dienen, hat Ihre Freundschaft zu ihm ein Ungleichgewicht. Finden Sie einen Ort, an dem Sie dienen können. Fragen Sie gegebenenfalls die Leiter Ihrer Gemeinde und finden Sie heraus, wo Sie Jesus in Einklang mit Ihren Gaben und Fähigkeiten dienen können. Suchen Sie einen Ort, an dem Sie Jesus dienen können, um auf diese Weise Ihre Freundschaft zu ihm zu vertiefen.

Interaktion

Wer bin ich?

Lesen Sie bitte vor Frage 8 den Schnappschuss: »Einfach ›Ich liebe dich!‹ sagen«

Frage 8: In meiner Familie sagen wir uns so oft wie möglich: »Ich liebe dich!« Wir haben von Zeit zu Zeit Gäste, und ich bin sicher, dass diese eine Weile benötigen, um sich daran zu gewöhnen, dass wir uns in unserem Haus Hunderte von Malen sagen: »Ich liebe dich«. Ich sage zu Lynne: »Liebling, ich liebe dich!« Meine Tochter Shauna erklärte mir eines Tages: »Chef, ich liebe dich!« Wir sagen es ernsthaft, musikalisch, dramatisch und sogar gelangweilt. Diese verbale Bejahung verstärkt, wie kostbar unsere Beziehungen wirklich sind. Ich versuche, es genauso mit einigen engen Freunden zu machen. Und wenn mir andere Menschen diese Worte sagen, hat das eine durchschlagende Wirkung.

Gott hat uns diese Worte auf seine Weise gesagt, oder? Immer und immer wieder hat Jesus seinen Nachfolgern und uns auf verschiedene Arten seine Liebe bestätigt. Immer und immer wieder sagt er uns: »Ich liebe dich. Ich liebe dich, mein Freund.« Können Sie sich vorstellen, wie sehr es ihm gefallen würde zu hören: »Ich liebe dich auch. Ich liebe dich, Jesus.« Ist das nicht der Kern von Anbetung? Ist das nicht das Wesentliche, wenn ein Christ im Laufe des Tages einfach sagt: »Ich liebe dich auch, Jesus.« Können Sie sich vorstellen, was ihm das bedeutet?

Deshalb ist gemeinsamer Lobpreis für Gott so wichtig. Wenn alle im Herzen der Gemeinde zusammenkommen und erklären: »Wir auch. Wir wissen, dass du uns liebst, Herr, aber wir wollen dir einfach sagen, dass wir dich auch lieben.« Je mehr sie Gott loben und die Liebe Christi zurückgeben, desto tiefer wird die Freundschaft zu ihm werden.

Ich möchte Sie noch einmal ermutigen – im Laufe Ihres Tages, wenn Sie Ihre Gebete aufschreiben, wenn Sie sie singen, wenn Sie sie malen, egal, wie Sie sie sagen –, diese Worte einfach so oft wie möglich zu sagen: »Ich liebe dich, Herr.« Denken Sie dran, dass er Sie zuerst geliebt hat. Sie müssen nur sagen: »Ich liebe dich auch.«

Setzen Sie sich selbst ins Bild

Ermutigen Sie die Mitglieder Ihrer Gruppe, sich in der kommenden Woche Zeit zu nehmen und diesen Abschnitt zur praktischen Umsetzung als Gelegenheit für persönliches Wachstum zu nutzen.

Zur Vertiefung
Einheit 6

Manager

Textstelle: Lk 12,42–48

Einführung

Die letzte Einheit dieses Arbeitsheftes wollen wir unserer neuen Identität als Manager widmen. Gott hat viele Dinge unserer Fürsorge anvertraut und uns beauftragt, sie treu zu verwalten. In dieser Einheit werden wir uns auf vier wesentliche Bereiche von Verwaltung konzentrieren: Es steht in unserer Verantwortung, die Geheimnisse Gottes zu verwalten sowie unsere geistlichen Gaben, unseren Haushalt (Beziehungen und materielle Dinge) und unseren Körper. Im Verlauf dieser Einheit werden Sie diese vier Verwaltungsbereiche kennenlernen und sich damit auseinandersetzen, wie Sie mehr und mehr zu treuen Verwaltern all dessen werden können, was Gott Ihnen anvertraut hat.

Das große Bild

Lesen Sie diese Einführung gemeinsam mit der Gruppe. Zu Beginn des Kapitels: »Zur Vertiefung« finden Sie Anregungen, wie Sie diesen Abschnitt gestalten können.

Blick durchs Weitwinkelobjektiv

Frage 2: Einer meiner Freunde ist Generalmanager eines sehr großen Unternehmens. Sein Verantwortungsbereich ist aus diesem Grund sehr groß. Der Eigentümer der Firma hat ihm eine unglaubliche Menge an Verpflichtungen und auch an Möglichkeiten anvertraut. Manager müssen oft den Einsatz der Mitarbeiter koordinieren und organisieren. Sie müssen den Dienst bereitstellen oder das Produkt fertigen. Sie müssen auf die Kosten achten. Sie müssen Profit machen. Sie müssen Krisenfeuerwehr spielen. Sie müssen Fünf-, Zehn- und Fünfzehnjahrespläne entwickeln. Der Manager ist dafür verantwortlich, das Unternehmen zu allen konkreten Zielen im Auftrag des Besitzers zu führen, der ihm diese große Verantwortung übertragen hat.

Interaktion

Wer bin ich?

Wenn wir über diesen Punkt nachdenken, werden wir wieder neu zu schätzen wissen, wie wichtig es für einen Eigentümer ist, den richtigen Manager auszuwählen und anzustellen. Er muss einen vernünftigen, ehrlichen, vertrauenswürdigen, gewissenhaften und kommunikativen Manager finden. Der richtige Manager kann dem Eigentümer einen wertvollen Dienst erweisen und seine Firma zum Erfolg führen. Der falsche Manager kann einem Eigentümer Schaden zufügen und sogar ein gut gehendes Unternehmen ruinieren.

Ein biblisches Porträt

Lesen Sie bitte Lk 12,42–48.

Unter die Lupe genommen

Lesen Sie bitte vor Frage 4 den Schnappschuss: »Die Geheimnisse Gottes«.

Frage 4: Der Apostel Paulus warnt uns: »Wehe denen, die die Wahrheit von Gottes Wort verdrehen. Ihr könnt kein treuer Verwalter sein, wenn ihr das verdreht, was ihr verwalten sollt.« Gute Haushalter verdrehen die Wahrheit nicht. An anderer Stelle fügt er hinzu: »Geht nicht leichtfertig mit der Wahrheit Gottes um.« oder: »Wehe denen, die die Wahrheit Gottes kennen, sich aber weigern, sie mit anderen Menschen zu teilen.« Paulus schrieb an eine Gemeinde, die er verließ: »Ich habe nie davor zurückgeschreckt, euch den ganzen Rat Gottes weiterzugeben. Ich habe alle diese Wahrheiten verwaltet und sie euch mutig weitergesagt. Ich habe nichts beschönigt. Ich habe euch keine harten Sachen verheimlicht.«

Paulus wusste, dass Gott ihm eine Wahrheit anvertraut hatte, die das Leben und die Ewigkeit von Menschen verändern konnte. Er sagte sich: »Gott hat mir diese Wahrheiten überantwortet. Jetzt muss ich damit sorgfältig umgehen. Ich muss sie lehren. Ich muss sie in meinem Leben anwenden. Ich muss sie auf der ganzen Welt verbreiten. Ich kann nicht davor zurückschrecken, sie jedem zu erklären, der sie hören will.« Und man muss kein großer Bibelwissenschaftler sein, um herauszufinden, dass Paulus ein guter Verwalter der Geheimnisse Gottes war. Er nahm

Zur Vertiefung
Einheit 6

lieber Schläge, körperliche Schläge auf sich, als Kompromisse mit biblischen Wahrheiten zu schließen. Er ließ sich lieber ins Gefängnis werfen, als zu schweigen. Er lehrte die Wahrheit voller Leidenschaft, lebte sie voller Dynamik und verbreitete sie in der ganzen damals bekannten Welt. Paulus war ein guter Verwalter, ein treuer Manager der Geheimnisse Gottes.

Wir müssen uns selbst die Frage stellen, auf welche Art und Weise wir die Wahrheit verwalten, die uns anvertraut wurde. Die Informationen der Bibel können das Leben und die Ewigkeit von Menschen entscheidend verändern. Es ist das einzige Buch, das diese Macht hat. Wie gehen Sie mit dieser Wahrheit um? Sind Sie gute Verwalter? Verwalten Sie diese Wahrheiten weise, mutig, effektiv und ohne Zugeständnisse?

Denken Sie an die Himmelfahrt Jesu. Er versammelte seine ganzen Jünger um sich und war auf dem Weg zurück zum Vater. Alles, was er hinter sich zurückließ, waren eine Botschaft und ein paar Freunde. Er hatte sein eigenes Blut für Menschen vergossen, die nun die Vergebung Gottes durch das finden konnten, was er für sie am Kreuz getan hatte. Jetzt gab er seine ganze Botschaft der Erlösung an elf angeschlagene Männern weiter. Wenn sie gute Verwalter wären, dann hätten alle anderen Menschen der Weltgeschichte die Möglichkeit, erlöst zu werden. Aber wenn sie sorglose und treulose Verwalter sein würden, wäre der unbezahlbare Schatz verschleudert. Es war nur eine Frage der Verwaltung. Wir sollten dankbar dafür sein, dass sie treue Verwalter waren, und lernen, in ihre Fußstapfen zu treten.

Lesen Sie bitte vor Frage 5 den Schnappschuss: »Geistliche Gaben«.

Frage 5: Treue Verwalter geistlicher Gaben machen ihrem Eigentümer unendlich viel Freude. Es macht Gott Freude zu sehen, wenn seine Kinder ihre geistlichen Gaben einsetzen, ausweiten und weiterentwickeln. Er sagt: »Dafür habe ich sie euch gegeben.« Jeder von Ihnen hat geistliche Gaben. Die Frage ist nur, welche Art von Manager Sie sind. Ich bete, dass Sie ein sorgfältiger Verwalter Ihrer Gaben sind. Nehmen Sie diese Berufung, Ihre Gaben weiterzuentwickeln und viel Frucht zu bringen, ernst?

Sie können Ihre Kleingruppe fragen, was in Ihrer Gemeinde geschehen würde, wenn der Pastor anstatt einer Predigt einfach

Interaktion

Wer bin ich?

sagen würde: »Heute soll einfach jedes Gemeindemitglied aufstehen, seinen Namen sagen, erzählen, welche geistlichen Gaben es hat und wie es diese Gaben im Dienst für Gott einsetzt.« Hätten Sie eine fröhliche und lebhafte Zeit, in der Sie die Begabungen und den Dienst der Kinder Gottes feiern, oder wäre es eine Zeit des betretenen Schweigens?

Jedes Gemeindemitglied sollte die geistlichen Gaben einsetzen, die Gott ihm gegeben hat, und zwar so, dass es bereit und in der Lage ist, anderen von seinem Dienst im Reich Gottes zu erzählen.

Lesen Sie vor Frage 6 den Schnappschuss: »Haushalt«.

Frage 6: Ihren eigenen Haushalt zu managen bedeutet, dass Sie gewissenhafte, vernünftige und treue Verwalter Ihres Eigentums sind. Dazu gehören Geld und materielle Güter, Ihr Haus oder Ihre Wohnung, Ihr Auto, Ihre Möbel, Fahrräder, Rasenmäher und alles andere. Gott ist der eigentliche Besitzer, aber er bittet Sie, sich um diese Dinge zu kümmern. Er möchte, dass Sie sie weise verwalten.

Mit der Autorität des Wortes Gottes sage ich also zu Ihnen, dass Sie seinen Teppich saugen, seinen Rasen ordentlich mähen, sein Auto waschen und sein Geld weise verwalten sollen. Armseliger Umgang mit Besitz ist nicht nur ein Affront gegen Gott, sondern auch sehr kostspielig. Es trägt zu einem verschwenderischen Lebensstil bei, wenn wir mit unserem Besitz nicht weise umgehen. Es ist Gottes Besitz, aber Sie wurden gebeten, sich darum zu kümmern.

Frage 7: Unser Umgang mit Menschen ist sogar noch wichtiger als unser Umgang mit Dingen. Unsere Ehepartner sind uns von Gott anvertraut. Wissen Sie, was Jesus zu Ehemännern sagt? »Seid ein treuer Verwalter eurer Frau.« Und den Ehefrauen erklärt er: »Seid ein treuer Verwalter eures Mannes. Sorgt für euren Mann.« Auch Kinder sind uns von Gott anvertraut. Wir sollen sorgsam, vernünftig und auf eine Weise, die Gott ehrt, mit unseren Ehepartnern und unseren Kindern umgehen.

Lesen Sie bitte vor Frage 9 den Schnappschuss: »Unser Körper«.

Zur Vertiefung

Einheit 6

Frage 9: Gott hält uns dazu an, sorgsam mit unserem Körper umzugehen. Dazu gehört auch, keinen »Müll« in ihn hineinzustopfen. Eine große Anzahl von Nachfolgern Christi stopft das falsche Essen in ihren Körper hinein. Es gibt Christen, die ihre sportliche Betätigung vernachlässigen, Christen, die rauchen und so viel Alkohol trinken, dass sie sich selbst zerstören. Es gibt Menschen, die – allgemein gesagt – das missbrauchen, was Gott ihnen zur sorgfältigen Verwaltung anvertraut hat. Ich frage mich, wie wir wohl später über diesen Bereich Bericht erstatten werden. Werden wir sagen: »Na ja, ich habe deine Geheimnisse, meine geistlichen Gaben und meinen Haushalt verwaltet, aber ich habe vergessen, meinen Körper zu verwalten«? Ich hoffe nicht. Lassen Sie uns gute Manager in allen Bereichen sein, die Gott uns anvertraut hat.

Setzen Sie sich selbst ins Bild

Ermutigen Sie die Mitglieder Ihrer Gruppe, sich in der kommenden Woche Zeit zu nehmen und diesen Abschnitt zur praktischen Umsetzung als Gelegenheit für persönliches Wachstum zu nutzen.

Materialien

Willow Creek-Materialien bei Projektion J

Kleingruppenmaterialien

Bill Donahue, *Authentische Kleingruppen leiten*

Evangelisation

Bill Hybels und Mark Mittelberg, *Bekehre nicht – lebe!*

Mark Mittelberg, Lee Strobel, Bill Hybels, *So wird Ihr Christsein ansteckend*

Lee Strobel, *Beim Wort zum Sonntag schalt' ich ab*

Lee Strobel, *Was würde Jesus zu Madonna sagen? und zu Bill Clinton, Mutter Teresa, etc.*

Willow Creek, *BEGEGNUNG – Die Willow Creek-Bibel*

Dieter Zander und Tim Celek, *Wen(n) Kirche nicht mehr zieht*

Geistliche Gaben und Dienst

Bruce Bugbee, Don Cousins, Bill Hybels, *D.I.E.N.S.T.*

Bruce Bugbee, *Auf mich kannst du bauen*

Ehe und Erziehung

Lynne und Bill Hybels, *Eheleben – Ehe lieben*

Authentizität

Bill Hybels, *Entfalte deinen Charakter*

Bill Hybels, *Aufbruch zur Stille*

Dienst

Lynne und Bill Hybels, *Ins Kino gegangen und Gott getroffen*

Ed Dobson, *Der Offene Gottesdienst*

Kai S. Scheunemann, *Kirche für Distanzierte*

*Rufen Sie eine
lebensverändernde Kleingruppenarbeit ins Leben!*

»Die wichtigste Person im Prozess der Lebensveränderung in einer Gemeinde ist der Kleingruppenleiter.« Diese Erkenntnis brachte Bill Hybels dazu, die Kleingruppenarbeit von *Willow Creek* grundlegend neu zu gestalten. Mit Erfolg: Aus einer Gemeinde mit einigen Kleingruppen wurde eine innovative Kleingruppengemeinde; aus etwa 350 wurden in drei Jahren über 1 200 Kleingruppen.

In »Authentische Kleingruppen leiten« vermitteln Bill Donahue, der Leiter des Arbeitsbereichs Kleingruppen, und sein Team ihre Erkenntnisse, die die Kleingruppenarbeit der Chicagoer Gemeinde revolutioniert und so unglaublich erfolgreich gemacht haben. Donahue zeigt anschaulich und mit vielen praktischen Beispielen, wie man Kleingruppenleiter findet, trainiert, motiviert und begleitet. Er nennt die Probleme, die innerhalb einer Kleingruppe auftreten können, und gibt Ratschläge, wie sie effektiv zu lösen sind.

Bill Donahue, Authentische Kleingruppen leiten
Das Handbuch für eine lebensverändernde Kleingruppenarbeit
Pb., 224 Seiten • ISBN 3-89490-185-3
DM/sfr 29,80 / öS 218,-
Projektion J Buch- und Musikverlag GmbH,
Rheingaustraße 132, D-65203 Wiesbaden
Bestell-Tel.: 06 11 / 96 7 96 70 • Fax: 06 11 / 96 7 96 77
(Oder in Ihrer Buchhandlung.)

Wenn das Wort Gottes die richtigen Worte trifft:
Begegnen Sie einer neuen Bibel!

»BEGEGNUNG«, die neue Bibelausgabe des Neuen Testaments von *Willow Creek*, gibt Antworten. Allen Menschen, die bisher vielleicht noch keinen Blick ins »Buch der Bücher« riskiert oder es verständnislos zur Seite gelegt haben, bietet ihr innovatives Konzept unverzichtbare Anregungen. Der Text der revidierten »Guten Nachricht 1997« und der auf die grundlegenden Fragen des Christseins gerichtete Fokus dieser Bibel führen zu neuen Begegnungen mit Gott. Die detaillierten, zweifarbigen Erläuterungen auf jeder Seite bieten wichtige Zusatzinformationen, um die biblischen Texte verstehen zu können.

BEGEGNUNG – Die Willow Creek-Bibel
Das Neue Testament für Menschen, die Gott suchen und das Leben verstehen wollen
Gb., ca. 450 Seiten • ISBN 3-89490-173-X
DM/sfr 34,80 / öS 254,- (empf. Preis)
Projektion J Buch- und Musikverlag GmbH,
Rheingaustraße 132, D-65203 Wiesbaden
Bestell-Tel.: 06 11 / 96 7 96 70 • Fax: 06 11 / 96 7 96 77
(Oder in Ihrer Buchhandlung.)

Authentisch leben
Beziehungen gestalten
Glauben weitergeben

Wie wird Ihr Leben und das Ihrer Gemeindemitglieder ansteckend? In diesem dynamischen Schulungsprogramm werden die Prinzipien, die Bill Hybels und Mark Mittelberg in ihrem Bestseller »Bekehre nicht – lebe!« beschrieben haben, Schritt für Schritt in die Praxis umgesetzt. Die Autoren vermitteln keine Patentrezepte, wecken aber Hoffnung, dass Christen das Leben von Menschen in ihrer Umgebung tatsächlich positiv beeinflussen können. Das Trainingsseminar ist in Kleingrupen von vier bis zwölf und in großen Gruppen von fünfzehn bis hundertfünfzig oder mehr Menschen einsetzbar.
In diesem Paket enthalten sind:
- Teilnehmerbuch   (ISBN 3-89490-152-7): 22,80 DM/sfr / 166,- öS
- Leiterhandbuch   (ISBN 3-89490-153-5): 49,80 DM/sfr / 364,- öS
- Schulungsvideo   (ISBN 3-89490-155-1): 69,80 DM/sfr / 559,- öS
- Overheadfolien
Mit Ausnahme der Overheadfolien, sind die verschiedenen Produkte auch als Einzelprodukte beziehbar.

Teilnehmer-Pakete: Ab 10 Ex.: je 20,80 DM/sfr / 152,- öS
  Ab 20 Ex.: je 19,80 DM/sfr / 145,- öS + 1 Leiterbuch gratis.

Bill Hybels, Mark Mittelberg, Lee Strobel, So wird Ihr Christsein ansteckend
Glauben weitergeben in einem Stil, der zu Ihnen paßt
Paket (Teilnehmer-, Leiterhandbuch, Video, Overheadfolien)
ISBN 3-89490-151-9 • DM/sfr 168,- / öS 1 344,-
Projektion J Buch- und Musikverlag GmbH,
Rheingaustraße 132, D-65203 Wiesbaden
Bestell-Tel.: 06 11 / 96 7 96 70 • Fax: 06 11 / 96 7 96 77
(Oder in Ihrer Buchhandlung.)

Begabungen erkennen
Leidenschaft entwickeln
Gemeinde gestalten

D.I.E.N.S.T.-Teilnehmerbuch DM/sfr 22,80 / öS 166,-
Ein ausgezeichnetes Arbeitsbuch, das jeden Schulungsteilnehmer auf seinem ganz persönlichen Weg durch die D.I.E.N.S.T.-Einheiten begleitet.

D.I.E.N.S.T.-Teilnehmerbuch (10er-Paket) DM/sfr 208,- / öS 1 519,-
D.I.E.N.S.T.-Teilnehmerbuch (20er Paket + 1 Leiter-Handbuch gratis!)
DM/sfr 398,- / öS 2 906,-

D.I.E.N.S.T.-Berater-Arbeitsbuch DM/sfr 19,80,- / öS 145,-
Ein praktischer Leitfaden für zukünftige Berater Ihrer Gemeinde zur Vermittlung der D.I.E.N.S.T.-Seminarteilnehmer in die passenden Aufgaben der Gemeinde.

D.I.E.N.S.T.-Leitfaden zur Umsetzung DM/sfr 39,80 / öS 291,-
Zeigt Ihnen Schritt für Schritt, wie Sie D.I.E.N.S.T. in Ihrer Gemeinde umsetzen können.

D.I.E.N.S.T.-Leiter-Handbuch DM/sfr 49,80 / öS 364,-
Ein übersichtlicher und praxisnaher Leitfaden für Sie und alle, die D.I.E.N.S.T.-Seminare durchführen.

D.I.E.N.S.T.-Schulungsvideo DM/sfr 69,80 / öS 559,-
Stellt die wichtigsten Schulungsinhalte anschaulich und motivierend dar.

D.I.E.N.S.T.-Berater-Trainingsvideo DM/sfr 69,80 / öS 559,-
Führt in das D.I.E.N.S.T.-Konzept ein und hilft Ihnen dabei, D.I.E.N.S.T.-Berater für den Beratungsprozess auszubilden.

D.I.E.N.S.T.-Paket DM/sfr 298,- / öS 2 384,-
Ein Exemplar aller oben genannten Bücher und Videos incl. Kopiervorlagen für Overhead-Folien für die D.I.E.N.S.T.-Schulungen.

Zu beziehen bei:
Projektion J Buch- und Musikverlag GmbH,
Rheingaustraße 132, D-65203 Wiesbaden
Bestell-Tel.: 06 11 / 96 7 96 70 • Fax: 06 11 / 96 7 96 77
(Oder in Ihrer Buchhandlung.)